Markus Henn/Christiane Hansen/Veronika Baier/
Nikolaus Geiler/Hans-Werner Krüger/Bernd Rode
Wasser ist keine Ware

W0180400

Markus Henn ist Politikwissenschaftler und beruflich tätig zu Finanzmärkten bei WEED in Berlin. Er arbeitet zum Thema Wasser beim »Berliner Wassertisch« und bei Aquattac.

Christiane Hansen ist Mitglied bei attac Frankreich und Deutschland, Mitbegründerin des europäischen Attac-Wassernetzwerks Aquattac und im Organisationskomitee des alternativen Weltwasserforums FAME.

Veronika Baier ist Mitbegründerin von »Unser Wasser Kassel – Initiative gegen die Privatisierung von Wasser in der Region« und aktiv in der Attac-Regionalgruppe Kassel.

Hans-Werner Krüger ist Sozialwissenschaftler, war bis 2005 Leiter der Öffentlichkeitsarbeit der Hamburger Wasserwerke GmbH und ist heute freier Autor.

Nikolaus Geiler ist Limnologe (Binnengewässerkundler), freiberuflich tätig in der Wasserwirtschaft, Sprecher des AK Wasser im Bundesverband Bürgerinitiativen Umweltschutz e.V. (BBU).

Bernd Rode war beschäftigt bei der Gewerkschaft ver.di und ist jetzt aktiv in der »WasserAllianz Augsburg«, einer Bürgerinitiative gegen Wasserprivatisierung.

Alle AutorInnen sind aktiv beim bundesweiten Netzwerk »Wasser in Bürgerhand«.

AttacBasisTexte 41

Markus Henn/Christiane Hansen/ Veronika Baier/Nikolaus Geiler/ Hans-Werner Krüger/Bernd Rode
Wasser ist keine Ware

VSA: Verlag Hamburg

www.attac.de

www.vsa-verlag.de

© VSA: Verlag 2012, St. Georgs Kirchhof 6, 20099 Hamburg
Alle Rechte vorbehalten
Titelfoto: © Aleksandra Gigowska / 123RF
Druck- und Buchbindearbeiten:
Beltz Druckpartner GmbH & Co. KG, Hemsbach
ISBN: 978-3-89965-503-2

Inhalt

Einleitung

Wasser ist Leben, sagen viele Völker. Wasser ist Gemeingut, denken viele BürgerInnen. Wasser ist ein Menschenrecht, verkünden die Vereinten Nationen. Wasser ist Politik, lehrt die Wirklichkeit. Wasser ist Profit, weiß die Wirtschaft. Wasser ist keine übliche Handelsware, sondern ein ererbtes Gut, das geschützt, verteidigt und entsprechend behandelt werden muss, hält die EU-Wasserrahmenrichtlinie fest.

Wasser ist also von größter Bedeutung. Jeder weiß das, gewiss. Aber es schadet nie, sein Wissen zu systematisieren, zu vertiefen oder einfach nur aufzufrischen. Deshalb will dieses Buch einen Überblick über Wasser als Leben, Menschenrecht und Gemeingut, aber auch über Wasser als Gegenstand von Politik und Wirtschaft geben. Es will zugleich klar machen, wie wichtig die globalen und lokalen politischen Aktivitäten sind, um Wasser vor einer schädlichen Kommerzialisierung und Privatisierung zu bewahren.

Das Buch will aber nicht nur ein politisches Manifest sein, sondern auch die ökologischen, technischen und historischen Elemente der Wasserversorgung ansprechen.

Bernd Rode liefert zunächst einen Überblick über den globalen Wasserhaushalt, um dann mit Markus Henn die Debatte über Wasserrechte und die schon erfolgte Privatisierung der Ressource Wasser darzustellen. Veronika Baier und Nikolaus Geiler erklären, was eine nachhaltige und gesundheitlich unbedenkliche Wasserversorgung ausmacht. Wie in Deutschland eine solche in den letzten beiden Jahrhunderten etabliert wurde, beschreibt Hans-Werner Krüger. Die Privatisierungswelle der letzten Jahrzehnte hatte nicht nur globale Folgen, wie Markus Henn und Nikolaus Geiler erklären. Hans-Werner Krüger verdeutlicht: Auch in Deutschland ist ein Kampf um die Organisation der Wasserversorgung entbrannt, dessen Verästelungen ein Lehrstück über den politisch-ökonomischen Zustand unseres Landes sind. Abschließend erörtern Christiane Hansen, Markus Henn und Nikolaus Geiler ausführlich die Kämpfe für Wasser als Gemeingut und die Perspektiven einer stärkeren Beteiligung der BürgerInnen an der Wasserversorgung.

Wasser gehört uns allen und es ist für alle da. Aber das ist kein Naturgesetz. Ohne unser aller Einsatz kann das erst vor kurzem offiziell anerkannte Menschenrecht auf Wasser jederzeit dem Rendite- und Expansionsstreben der Konzerne, aber auch den Machenschaften der Politik, zum Opfer fallen. Lassen wir es nicht dazu kommen! Sorgen wir dafür, dass Wasser in den Händen der BürgerInnen bleibt und jeder Mensch Zugang zu gutem Wasser hat!

1. Der Wasserhaushalt – ein globales Regulierungssystem

Wasservorkommen und Wassernutzung weltweit

Wasser ist ein besonderes Gut. Es ist einerseits unverzichtbares Lebensmittel. Andererseits ist es Rohstoff und Produktionsmittel sowohl für die Landwirtschaft als auch für die Industrie. Insgesamt ist der Wasserkreislauf wesentliche Grundvoraussetzung allen Lebens auf der Erde.

Durch Wasservorkommen und Niederschläge ist sichergestellt, dass Pflanzen Flüssigkeit, Nährstoffe und CO_2 aufnehmen können, dass Menschen und Tiere mit Sauerstoff, Nahrung und auch mit Flüssigkeit versorgt werden, dass Boden und Gesteine durch biologische und geologische Prozesse Nährstoffe freisetzen, dass die Ozonschicht ständig aufgebaut wird. Das Lebenserhaltungssystem Wasser zu bewahren und zu schützen ist deshalb eine elementare Aufgabe und liegt im ureigensten Interesse der Menschheit.

Aus dem Weltraum betrachtet ist unsere Erde der Blaue Planet. Drei Viertel der Oberfläche der Erde sind mit Wasser bedeckt. Man könnte meinen, damit gebe es keine Wasserprobleme auf der Erde. Dennoch – gerade im Zusammenhang mit dem Klimawandel – ist immer öfter von massiven Problemen bei der Versorgung mit Wasser die Rede. Für manche gilt die Wasserknappheit als die zentrale Krise des 21. Jahrhunderts. Und es gibt nicht wenige, die sogar von Kriegen ums Wasser sprechen. Warum soll es Probleme bei der Versorgung mit Wasser geben, wenn die Erdoberfläche zum größten Teil aus Wasser besteht?

Von der Gesamtmenge Wasser auf der Erde sind nur 2,5% Süßwasser, also 97,5% Salzwasser und damit nicht nutzbar – bis auf die verschwindende Menge, die energieaufwendig durch Meerwasserentsalzung gewonnen wird. Von diesem Süßwasseranteil sind etwa 69% in Gletschern und Polkappen gebunden und gut 30% im Tiefengrundwasser. Damit ist auch die größte Menge des Süßwassers dem Zugriff des Menschen entzogen.

Nur ein winziger Teil – 0,3% des gesamten weltweiten Süßwasservorkommens, das sind 105.000 km³ (an anderer Stelle wird von 113.500 km³ gesprochen) – nehmen am globalen Wasserkreislauf teil. Diese Menge fällt jährlich als Niederschlag auf die Landoberfläche.

Von dieser Niederschlagsgesamtmenge über Land fließen etwa 42.700 km³ aus Flüssen ins Meer ab. Der größere Rest verdunstet auf vielfältige Weise aus dem Boden, aus den Pflanzen und aus den Eis- und Schneeflächen. Der Durchfluss in den Flüssen und die gespeicherte Menge Wasser in natürlichen Seen, Talsperren und Stauseen kann als maximal nutzbare Wassermenge angesehen werden. Allerdings unterliegt diese Menge jährlich erheblichen Schwankungen. Es fließen etwa 60 bis 70% der Wassermenge in den jeweiligen Flutperioden über die Flüsse ins Meer ab, wobei sich diese Flutperioden auf kurze Zeiträume von zwei bis drei Monaten beschränken. Auch andere Größen wie klimatische Schwankungen haben Einfluss auf die abfließende wie verdunstende Menge. So weisen Tropen und Monsungebiete Niederschlagsmengen von mehreren Tausend Litern pro m² auf, während subtropische Gebiete z.T. weit unter 500 Litern pro m² liegen.

Lediglich eine begrenzte Menge an Süßwasser gilt als stabiler Grundvorrat, der mit nur geringfügiger Schwankungsbreite zum Gebrauch zur Verfügung steht, nämlich etwa 16.000 km³. Allerdings ist diese an sich mehr als ausreichende Menge räumlich ungleich verteilt. Wesentliche Mengen des verfügbaren Süßwassers entstammen den großen Flusssystemen von Amazonas, Ganges, Brahmaputra, Kongo, Yangtse und Orinoco. Der größte Oberflächenabfluss des Wassers findet in sechs großen Staaten statt, nämlich in Brasilien, Russland, Kanada, USA, China und Indien.

Wie viel nutzt der Mensch von den Süßwasserreserven? 1900 waren es nur 525 km³ jährlich. Einhundert Jahre später – 2000 – waren es bereits 2.500 km³ im Jahr. Andere gehen von deutlich größeren Mengen aus, so z.B. von 3.750 km³ jährlich (1995) und sogar von 7.000 km³ jährlich (2001).

Der derzeit größte Anteil am genutzten Wasser fällt auf die Landwirtschaft, weltweit etwa 70%. Nur 10% werden von den privaten Haushalten genutzt, als Trinkwasser und auch als Brauchwasser. Und 20% entfallen auf die industrielle Nutzung. Allerdings gibt es auch hier gravierende Unterschiede je nach Region und industrieller Entwicklung. Im Nahen Osten und in vielen Ländern Afrikas und Asiens werden 80 bis 90% des Wassers für die Landwirtschaft verwendet, während in Europa und den USA der Anteil der Industrie am Wasserverbrauch bei 40 bis 50% liegt.

Die Mehrheit der Menschen weltweit lebt heute in Städten – mit steigender Tendenz. Diese Verstädterung schafft besonders in den Zentren der »Dritten Welt« erhebliche Probleme bei der Wasserversorgung – von den weltweit 25 Städten mit mehr als 10 Mio. Einwohnern liegen nur drei in Industrieländern. Dort gehen durch marode Leitungen 30 bis 40% des Wassers verloren. Das wiederum führt – neben dem Bevölkerungswachstum – zu vermehrter Wasserentnahme und damit zu sinkenden Grundwasserspiegeln.

Wie stehen nun verfügbare Wasservorräte und die Nutzung des Wassers im Verhältnis zueinander? Hierzu wurden so genannte Wasserknappheitsindikatoren entwickelt. Der bekannteste ist der Falkenmark-Index, benannt nach der schwedischen Hydrologin Malin Falkenmark. Der Falkenmark-Index setzt Wasserentnahme pro Einwohner und Wasserdargebot in einem Land in Beziehung zueinander. Dabei wird davon ausgegangen, dass im jährlichen Durchschnitt 1.700 m³ Wasser pro Kopf ausreichend sind. Dies beinhaltet den gesamten privaten Verbrauch einschließlich der umgerechneten anteiligen Nutzung aus landwirtschaftlichem und industriellem Verbrauch. Unterhalb dieser Marke befinden sich die Menschen in den jeweiligen Ländern in einer Wassermangelsituation. Unterhalb von 1.000 m³ pro Kopf und Jahr leiden die Menschen in den jeweiligen Ländern sogar unter chronischem Wassermangel mit erheblichen Auswirkungen auf die menschliche Gesundheit und die wirtschaftliche Entwicklung des Landes. Fällt die verfügbare Wassermenge unter die Grenze von 500 m³ pro Kopf und Jahr, dann ist die Situation existenzbedrohenden Wassermangels erreicht.

Wassermangel in den Ländern der »Dritten Welt« wird vielfach verschärft durch die Tatsache, dass Agrarprodukte, für deren

Herstellung Wasser notwendig ist, in Industrieländer exportiert werden. Die Industrieländer importieren also nicht nur landwirtschaftliche Produkte, sondern auch Wasser aus Ländern mit Wasserknappheit. Für diese Zusammenhänge ist der Begriff des virtuellen Wassers geprägt worden, der den Wasserverbrauch in den Industrieländern in ein ganz anderes Licht rückt. Für die Herstellung von 1 kg Weizen werden 1.200 Liter Wasser benötigt, für 1 kg Reis 3.000 Liter, für 1 kg Kaffee 20.000 Liter und für ein Baumwoll-T-Shirt 4.000 Liter.

Mehr als eine Milliarde Menschen leben in Situationen dauerhaften, chronischen oder sogar existenzbedrohenden Wassermangels. Zudem geben die Wasserknappheitsindikatoren keine Auskunft über die Qualität des Wassers. Der häufig schlechte Zustand des Wassers wird durch menschliche Exkremente und Abfälle verursacht, aber auch durch Industrieabfälle und Rückstände aus landwirtschaftlichem Anbau. Daran starben im Jahr 2000 zwei Millionen Menschen durch Krankheiten wie Durchfall, Malaria und Darmwürmer. Im Zusammenhang mit der Wasserversorgung müssen deshalb auch immer die sanitäre Lage der Menschen und die Abwasserreinigung gesehen werden. Die ist noch dramatischer, haben doch 2,6 Mrd. Menschen keinen Zugang zu einer angemessenen Abwasserreinigung.

Ein weiterer Aspekt, mit dem die Aussagen des Wasserknappheitsindikators ergänzt werden müssen, ist die Einkommenssituation. Menschen, die unter hohem Wasserstress stehen, befinden sich meistens auch in einer prekären Einkommenssituation. Armut und Wassermangel stehen also in einem unmittelbaren Zusammenhang. So muss vom privaten Einkommen ein erheblicher Anteil für die Versorgung mit Wasser ausgegeben werden.

In Stadtrandgebieten der großen Städte in der »Dritten Welt« zahlen die ärmsten Einwohner – meistens Slumbewohner – für Wasser von Wasserverkäufern höhere Preise als die wohlhabenden Bewohner in den Kerngebieten der Städte, die an das Wasserversorgungsnetz angeschlossen sind. Schon der erste UN-Weltwasserbericht hat 2003 festgestellt, es werde »auf brutale Weise klar, dass die wirklich Armen unter einer Kombination der meisten, wenn nicht gar aller Probleme im Wassersektor leiden.«

Die Frauen sind hier auch deshalb Leidtragende, weil sie für die Wasserbeschaffung zuständig sind. In ländlichen Gebieten sind sie täglich mehrere Stunden unterwegs, um Wasser heranzuschaffen.

Klimawandel

Globaler Wasserkreislauf und Klima stehen in einer unmittelbaren Wechselbeziehung. Im Zuge des Klimawandels werden sich – ausgehend von einem Anstieg der globalen mittleren Temperatur um mehrere Grade bis zum Ende des 21. Jahrhunderts – in vielen Regionen deutliche Änderungen in der Wasserverfügbarkeit ergeben. Höhere Lufttemperaturen führen zu höherer Verdunstung einerseits, bewirken aber andererseits eine Intensivierung des Wasserkreislaufs mit der Folge höherer Niederschlagsmengen, allerdings in Gegenden mit jetzt schon höherer Niederschlagsbereitschaft als in den nördlichen Breiten und Teilen der Tropen.

Andererseits wird die Niederschlagsmenge in den Subtropen und im Mittelmeerraum abnehmen und die dortige Wasserknappheit verstärken. Vor allem in der Anden- und der Himalaya-Region ist erst mit einem höheren, danach mit einem stark verringerten Schmelzwasserabfluss zu rechnen, was erst Überschwemmungen und dann Wassermangel zur Folge haben wird. Im Zeitraum um die Mitte des 21. Jahrhunderts werden die Länder und die Anzahl der Menschen, die von Wassermangel betroffen sind, zunehmen. Etwa 2,1 Mrd. Menschen werden in Ländern mit Wasserknappheit leben.

Die Zunahme der Weltbevölkerung wird diese Tendenzen noch verstärken bzw. die Bemühungen beeinflussen, die weltweite Wasserkrise zu lösen.

Wasservorkommen in Deutschland

Deutschland ist ein wasserreiches Land. Insgesamt steht jährlich eine Wassermenge von 188 Mrd. m³ zur Verfügung. Das bedeutet, dass bei einer Einwohnerzahl von 82 Millionen pro Kopf 2.278 m³ = 2.278.000 Liter an nutzbarem Süßwasser vorhanden sind. Von der gesamten Wassermenge werden nur 17% von unterschiedlichen Nutzern entnommen. Die öffentliche Wasserversorgung nutzt lediglich etwa 2,7% der vorhandenen Wassermenge, das sind 5,1 Mrd. m³. Die größere Menge des Wasserangebots – nämlich 83% – bleibt ungenutzt.

Die Wasservorkommen sind in Deutschland regional sehr unterschiedlich verteilt. Der Ausgleich zwischen Überschuss- und Mangelgebieten wird durch Fernwasserleitungen vorgenommen. So wird z.B. der Großraum Stuttgart mit Wasser aus dem Bodensee versorgt. Den größten Anteil an der Trinkwassergewinnung stellt mit 61,8% das Grundwasser dar. Quellwasser, d.h. Grundwasser aus einer Quelle, hat einen Anteil von 8,1%. Vorkommen aus Oberflächenwasser wie Talsperren, Uferfiltrat, Flüssen und Seen machen 30,1% aus.

13.232 Wasserschutzgebiete mit einem Anteil von 13,9% an der Landfläche gewährleisten die Qualität des geförderten Rohwassers. Dies wird zusätzlich sichergestellt durch Kooperation der Wasserversorger mit der Landwirtschaft mit dem Ziel, die Schadstoffeinträge der Landwirtschaft zu minimieren.

Die durchschnittliche Niederschlagsmenge ist in Deutschland von 1901 bis 2000 um 9% angestiegen, wobei in den letzten 30 Jahren des 20. Jahrhunderts im Winter eine deutliche Zunahme zu beobachten war (+ 35%). In den Sommermonaten war zwar eine Abnahme der Niederschläge zu verzeichnen, die aber nur geringfügig ausfiel. Bemerkenswert ist, dass nicht die Intensität der Niederschläge pro Tag zugenommen hat, sondern die Anzahl der niederschlagsreichen Tage insgesamt.

Bei der Simulation des Wasserkreislaufs in verschiedenen Flusseinzugsgebieten in Deutschland unter Berücksichtigung starker Erwärmung von 3,5°C für den Zeitraum der letzten 30 Jahre des 21. Jahrhunderts ist mit einer Niederschlagszunahme im Ostseeeinzugsgebiet von etwa 10% zu rechnen, bei starker Zunahme im Winter (+ 40%) und geringer Abnahme im Sommer. Der Abfluss in die Ostsee könnte um mehr als 20% zunehmen. In den Einzugsgebieten von Rhein, Elbe und Donau ergibt sich bei demselben Klimaszenarium eine Abnahme des Abflusses von 10 bis 20%, verursacht durch höhere Verdunstung bei weitgehend unveränderter Niederschlagsmenge. In Brandenburg ist die klimatisch bedingte Wasserbilanz – also die Differenz zwischen Niederschlag und Verdunstung – bereits jetzt negativ.

Die insgesamt positive Wasserbilanz in Deutschland muss aber durch die Tatsache ergänzt werden, dass Deutschland wie andere Industrieländer durch den Import von Agrarprodukten aus Ländern mit Wasserknappheit deren Wasserbilanz zusätzlich negativ beeinflusst (virtuelles Wasser, s. oben). Um also eine realistische Wasserbilanz aufstellen zu können, muss das in den industriellen und landwirtschaftlichen Produkten zu ihrer Erzeugung verbrauchte Wasser ermittelt werden. Diese Wasserbilanz ist für ein wasserreiches Land wie Deutschland wenig schmeichelhaft. Die Wasserbereitstellung ist in erheblichem Umfang ins Ausland verlagert: Mit schätzungsweise 500.000 Litern pro Einwohner und Jahr wird der Wasserhaushalt anderer Länder belastet.

2. Wasserrechte

Menschenrecht auf Wasser

Obwohl der Zugang zu ausreichend sauberem Wasser von elementarer Bedeutung für den Menschen ist, galt er lange Zeit nicht als offizielles Menschenrecht. Dies wurde erst vor kurzem geändert. Zunächst verpflichteten sich auf dem Millenniumsgipfel der Vereinten Nationen 2000 in New York die Regierungen der Welt auf acht so genannte Millenniumsziele. Im Rahmen des Millenniumsziels Nr. 7 wurde vereinbart, die Anzahl der Menschen, die keinen nachhaltigen Zugang zu sauberem Trinkwasser einerseits und keinen Zugang zu einfachen Sanitäreinrichtungen andererseits hat, um jeweils die Hälfte zu verringern, und zwar bis 2015. Das ist die eine Ebene, auf der die internationale Wassersituation durch Handlungsvorgaben für nationale Regierungen angegangen werden sollte.

Die zweite Ebene wurde durch eine Resolution der Vollversammlung der Vereinten Nationen im Juli 2010 geschaffen, das Menschenrecht auf Wasser in die Allgemeine Erklärung der Menschenrechte aufzunehmen. Diese von Bolivien eingebrachte Resolution erhielt eine große Mehrheit von 122 Länderstimmen, bei 163 anwesenden Ländervertretern. Deutschland gehörte nach Aussagen seines UNO-Botschafters zu den entschiedensten Vertretern des Rechts auf sauberes und gesichertes Wasser.

Zwar ist dieser Anspruch auf sauberes Wasser, wie die Erklärung der Menschenrechte insgesamt, nicht einklagbar, hat allerdings einen nicht zu unterschätzenden symbolischen Wert und damit durchaus Bedeutung für die Politik der Vereinten Nationen und ihrer Mitgliedsstaaten. Er erhöht den Druck auf nationale Regierungen und auch auf die Staatengemeinschaft, ihre Anstrengungen zu erhöhen, um die Millenniumsziele zu erreichen. Die Frage »Wasser für alle oder Wasser für alle, die es sich leisten können?« wird mit der Menschenrechtserklärung eindeutig beantwortet. Damit ist die gesamte Menschheit die Verpflichtung eingegangen, denjenigen zu helfen, denen der Zugang zu sauberem Wasser verwehrt ist.

Während existentielle Bedürfnisse des Menschen befriedigt werden können – dazu gehört auch die Versorgung mit Wasser –, geht die menschenrechtliche Betrachtung darüber hinaus. Hier treten politische, rechtliche und moralische Aspekte zu den existentiellen der Bedürfnisbefriedigung hinzu. Politische AktivistInnen begründen das Menschenrecht auf Wasser mit den Gefahren einer Kommerzialisierung. Der lebensnotwendige Zugang zum Wasser für alle Menschen ist nicht damit zu vereinbaren, dass das Wasser zu einer gewöhnlichen Ware gemacht und so die Gefahr in die Welt gesetzt wird, dass Menschen vom Zugang ausgeschlossen werden. Das Menschenrecht auf Wasser soll verdeutlichen, dass Wasser ein öffentliches Gut ist, auf das jeder Mensch ohne Zugangsdiskriminierung einen Anspruch hat. Die politischen AktivistInnen stellen damit die Position der Inklusion – diskriminierungsfreier Zugang – gegen die Gefahr der Exklusion, die mit der Reduzierung des Wassers auf eine handelbare Ware droht. Solch Exklusion kann durch für Arme unbezahlbare Wasserpreise genauso erfolgen wie durch räumlich begrenzte Wasserversorgungsnetze, die die Slumbewohner der Megastädte von der Versorgung ausschließen. Das Recht auf Inklusion beinhaltet neben dem diskriminierungsfreien Zugang das Recht auf Unterstützung bei fehlender Bezahlbarkeit sowie das Recht auf Information über die Angelegenheiten der Wasserversorgung. Damit ist auch das Recht für alle begründet, sich an den nationalen und lokalen Problemen der Wasserpolitik beteiligen zu können.

Die moralische Betrachtung des Menschenrechts auf Wasser lenkt den Blick auf einen Aspekt, der vor den politischen und juristischen Handlungsebenen liegt. Menschenrechte ganz allgemein betrachtet begründen grundlegende Interessen aller Menschen – unabhängig von Geschlecht, Hautfarbe, Religion, politischen und sozialen Einstellungen. Dazu gehören Leben, Wohlergehen, Selbstbestimmung und Teilnahme am sozialen und politischen Leben. Es gehört zur Würde des Menschen, bei diesen grundlegenden Interessen nicht als Bittsteller, sondern als selbstbewusst Fordernder auftreten zu können. Menschenrechte bilden die Brücke von den existentiellen Bedürfnissen zu den moralisch begründeten Ansprüchen. Menschen können ohne Wasser weder überleben noch ihre Fähigkeiten entwickeln. Das korrespondiert mit der Tatsache, dass die Freiheit des Menschen in einer Gesellschaft ohne soziale Sicherheit nicht erreicht werden kann.

Die rechtliche Betrachtungsweise bringt die Frage ins Spiel, wen das Recht auf Wasser in die Pflicht nimmt. Das kann nur der Staat sein. Schließlich ist die Versorgung mit Wasser eine existentielle Angelegenheit. Deren Erfüllung entscheidet darüber, ob die Menschen im Machtbereich des Staates überleben können. Diese Frage steht damit für den jeweiligen Staat nicht zur Disposition. Das setzt allerdings Ressourcen voraus, die nicht jedem Staat zur Verfügung stehen. Soweit Staaten aus eigener Kraft ihre Verpflichtungen nicht erfüllen können, haben sie Anspruch auf Hilfe durch die internationale Staatengemeinschaft. Von daher ist die Erfüllung der Millenniumsziele der Vereinten Nationen zu einer dauerhaften Verpflichtung für alle geworden.

Staaten verletzen das Menschenrecht auf Wasser, wenn sie nicht begründet darstellen können, warum sie ihre Versorgungspflichten nicht erfüllen und auch die erforderlichen sanitären Einrichtungen nicht zur Verfügung stellen. Sie verletzen das Menschenrecht, wenn sie einen diskriminierungsfreien Zugang nicht ermöglichen oder ungerechte Preissysteme zulassen. Staatliche Verletzungen können sich auch indirekt durch Nichteinrichtung oder Nichtanwendung von Überwachungsaufgaben äußern. Wenn z.B. die Privatisierung von Wasserversorgung oder Abwasserentsorgung über Preissysteme oder Serviceleistungen den Ausschluss von der Versorgung oder der Entsorgung bewirkt, dann ist auch die Privatisierung selbst eine Verletzung des Menschenrechts. Es ist die Verpflichtung des Staates, jede Einmischung Dritter zu unterbinden, die das Menschenrecht verletzen. Das gilt besonders auch für die Verschmutzung bestehender Wasservorkommen, häufig verursacht durch Unternehmen aus den so genannten entwickelten Ländern, die die Produktion verlagert haben in Länder der »Dritten Welt«, unter anderem zur Umgehung von Umweltauflagen. Und es ist eine Verletzung der Menschenrechte, wenn so genannte entwickelte Länder ihre Unterstützung zum Ausbau und zur Verbesserung der Wasserversorgung in Ländern der »Dritten Welt« nicht erfüllen. Dafür fehlt es allerdings noch an ausreichend konkreten und innerhalb der Völkergemeinschaft abgestimmten Programmen.

Im Endeffekt aber wird die Realisierung des Menschenrechts auf Wasser vor allem davon abhängen, inwieweit politische AktivistInnen in den einzelnen Ländern es durchsetzen können. Dies zeigt auch das Beispiel Bolivien, wo schon 2009 Wasser als Menschenrecht und ein Verbot der Privatisierung von Naturressourcen wie Wasser festgeschrieben wurden.

Rechte an Wasserressourcen

Die Menschen müssen das Wasser in der Regel aus ihren lokalen Ressourcen entnehmen. Deshalb ist die Verfügung über diese Ressourcen von größter Bedeutung. Die freie private Verfügung über die Ressource Wasser bietet Konzernen leicht ein extremes Profit- und letztlich Erpressungspotenzial.

Richtigerweise ist deshalb die staatliche Verfügungsgewalt über Gewässer – Oberflächenwasser genauso wie Grundwasser – in Europa und ebenso in den ehemaligen Kolonien in Afrika, Lateinamerika und Asien mit europäischer Rechtstradition, aber auch sonst in der Welt gegeben. Fast überall gilt also beim Wasser der Vorrang des Staates bei Schutz und Nutzung. Will ein Unternehmen Wasser nutzen, dann wird dieses Nutzungsrecht vom Staat verliehen, sei es für die Energienutzung, zur Herstellung von Produkten, für die Förderung und Erstellung von Mineralwasser oder für die Wasserversorgung.

Seen sind in der Regel Eigentum der Staaten, allerdings gibt es auch viele Arten vor allem kleinerer Privatgewässer. In Ostdeutschland z.B. wurden nach der Wende bis 2009 14.000 Hektar kleinere Seen aus dem Treuhandvermögen verkauft, weitere 15.000 stehen noch zum Verkauf. Der größte Teil ging an Stiftungen, Naturschutzverbände, viele an Fischereibetriebe und Bauern, einige Seen aber auch an private Investoren. Trotz gewisser Einschränkungen in der Nutzung des Eigentums können Privatpersonen die BürgerInnen und NutzerInnen zur Kasse bitten. Plötzlich müssen dann die Gemeinde oder lokale Vereine satte Gebühren bezahlen, während die EigentümerInnen satte Gewinne machen.

Auch Flüsse sind in der ganzen Welt oft öffentliches Eigentum, in Deutschland ist ihre Privatisierung verboten. Zwar gibt es auch hier kleinere Bäche, die Teil von privatem Landeigentum sind. Aber noch stärker als bei Seen ist klar, dass man das darin fließende Wasser gar nicht wirklich besitzen kann. Immerhin können Privatfirmen das fließende Wasser nutzen, z.B. zur Stromerzeugung, und damit besonders hohe Gewinne machen. Im kanadischen British Columbia wurden seit 2002 rund 600 Wasserläufe an Energieunternehmen verkauft. Vor drei Jahren gab es in der Türkei ernsthafte Pläne, Flüsse im großen Stil zu privatisieren oder zumindest sehr langfristige Nutzungsrechte einzuräumen. Diese Pläne wurden am Ende glücklicherweise nicht realisiert, allerdings zeigen sie, dass im Prinzip auch Flüsse privatisiert werden können, wenn es politisch gewollt ist.

Für die Wasserversorgung der Menschheit besonders wichtig sind die Süßwasserquellen und das Grundwasser. Auch bei ihrer Nutzung gibt es verschiedene Eigentumsmodelle: Das Wasser gehört der Allgemeinheit und darf nur mit öffentlicher Erlaubnis gefördert oder entnommen werden – wie in Deutschland. Oder jeder ist berechtigt, das Grundwasser unter seinem Grund nutzen. Das hat z.B. in den USA zur Folge, dass der Grundwasserspiegel in weiten Teilen erschreckend niedrig ist.

Die Verfügung über Grundwasserquellen ermöglicht es privaten Firmen, den Preis für das Wasser extrem in die Höhe zu treiben. Am besten funktioniert dies, indem das Wasser in Flaschen abgefüllt und verkauft wird, weil der Preis für Flaschenwasser viel höher ist als der für Leitungswasser. Unter den vielen Firmen, die Flaschenwasser verkaufen, gibt es zwei besonders große: Nestlé (Schweiz), die sich selbst stolz als Weltmarktführer im Flaschenwassermarkt bezeichnet, und Coca-Cola (USA) (s. auch Tab. 3 in Kapitel 5). Gegen beide Firmen wurde immer wieder starke Kritik laut: Nestlé wurde in den USA unter anderem von der Organisation Sierra Club vorgeworfen, die Wasserversorgung zu gefährden und den Grundwasserspiegel zu senken. Coca-Cola ist mit seinen Geschäften in Indien vielfach in die Kritik geraten. Laut dem India Resource Center ist in den zehn Jahren vor der Anwesenheit von Coca-Cola in Kala Dera das Grundwasser nur um rund 4 Meter gefallen. Mit Coca-Cola waren es in der gleichen Zeit bis 2010 rund 25 Meter. Eine staatliche Expertenkommission kam 2010 zu dem Ergebnis, dass die 2005 geschlossene Abfüllanlage in der Stadt Palakkad das Grundwasser verseucht und Abfall abgelagert habe.

In Chile wurden in den 1980er Jahren die Boden- und Wasserrechte getrennt. Beim Staat konnten Wasserrechte beantragt werden, die kostenlos und unbefristet vergeben wurden. Die neuen Rechte-Inhaber konnten die Wasserrechte weiterverkaufen oder neue hinzukaufen, ohne weitere Beteiligung des Staates.

In den letzten 20 Jahren wurden in vielen Ländern der »Dritten Welt« die Landgesetze so geändert, dass ausländische Investoren Land kaufen oder pachten können. Das wird heute als »Landgrabbing« bezeichnet. Die Organisation Oxfam schätzt, dass dort seit 2001 227 Millionen Hektar von Investoren aufgekauft worden sein sollen. Diese Investoren sind oft private Investmentfonds, aber auch andere Staaten, die nicht über ausreichend Land und Wasser verfügen, um den Bedarf an Nahrungsmitteln, Futterpflanzen und – politisch besonders gefördert – Energiepflanzen im eigenen Land abzudecken. Da ohne Wasser keine Landwirtschaft betrieben werden kann, spielt Wasser neben der Fruchtbarkeit der Böden bei der Auswahl der Landflächen eine zentrale Rolle.

Die internationalen Unternehmen und Banken sprechen inzwischen immer häufiger über Wasser als eine der wichtigsten zukünftigen Profitquellen. Dabei geht es nicht nur um Investitionen in Wasserunternehmen, sondern vor allem auch darum, Wasser zu einer Finanzanlage zu machen. So wird zugleich gemutmaßt und herbeigesehnt, dass es einmal internationale Wassermärkte geben könnte, so wie es sie heute für Rohstoffe und viele Nahrungsmittel gibt. Sogar so genannte Wasserfutures sind im Gespräch, also Termingeschäfte, mit denen man in die Zukunft hinein Wasser kaufen und verkaufen – und dann auch damit spekulieren kann.

Wie brisant Wasserrechte sich auswirken, wissen wir auch aus der Debatte über Wasserkriege. Gewiss spielt der Zugang zu Wasser bei Konflikten, lokalen wie internationalen, eine zunehmende Rolle. Jedoch ist die genaue Rolle des Wassers – im Vergleich mit anderen Faktoren – schwer festzumachen, sodass – wenn überhaupt – nur ganz wenige Kriege als Wasserkriege gesehen werden können.

Rechte an der Wasserversorgung

Wasser und Abwasser sind nicht x-beliebige Waren, sondern gehören, was Qualität und langfristig gesicherte Verfügbarkeit für jeden angeht, zur Grundversorgung, zur so genannten Daseinsvorsorge, die der Staat gewährleisten muss; er bzw. seine unteren Ebenen sind und bleiben letztlich dafür verantwortlich, selbst wenn diese Aufgabe an Privatunternehmen übertragen wird. Die Wasserversorgung und die Abwasserentsorgung sind deshalb in Deutschland den Gemeinden zugeordnet. Laut Grundgesetz haben sie das Recht, selbst zu bestimmen, wie sie ihre Grundaufgaben regeln; sie kennen die örtlichen Gegebenheiten am besten und sind direkt betroffen.

Die Versorgung mit Wasser und seine Entsorgung sind ein so genanntes natürliches Monopol. Das bedeutet, dass die Erbringung aus ökonomischen Gründen am sinnvollsten und effizientesten ist, wenn es nur einen Betreiber gibt. Es kann sich nämlich nie rechnen, zwei parallele Leitungen zu bauen. Zugleich ist keine Durchleitung möglich, denn Wasser ist nicht immer von gleicher Qualität wie Strom; eine Vermischung von unterschiedlichem Wasser ist daher abträglich für die Qualität des Wassers. Ebenso abträglich ist es, Wasser auf langen Wegen zu transportieren. Wasser sollte daher möglichst von lokalen oder höchstens regionalen Versorgern geliefert werden.

Zwar ist wegen des natürlichen Monopols eine volle Liberalisierung mit Wettbewerb – von allen dessen Problemen einmal abgesehen – ohnehin ausgeschlossen. Die Versorgung kann jedoch auf verschiedene Weise Privaten überlassen werden. Entweder kann das Leitungsnetz und der Betrieb komplett verkauft werden, was z.B. in England geschah. Es kann der Versorger zu einer privaten

Firma umgewandelt werden, oft geschieht dies auch nur in Teilen. Es kann aber auch nur der Betrieb der Versorgung mit einer Konzession vergeben werden. Das kann theoretisch auf Dauer geschehen, oder – was häufiger der Fall ist – über langfristige Zeiträume. Häufig gibt es auch eine Kombination aus dem Bau neuer Anlagen und dem Betrieb derselben. Viele Modelle laufen auf eine Vermischung von privater und öffentlicher Verantwortung hinaus, deshalb werden sie mit dem Begriff öffentlich-private Partnerschaft (Public Private Partnership) bezeichnet.

Die Dauer einer Konzession bringt viele Probleme. Damit die Privaten überhaupt ein Interesse haben, der Langfristigkeit der Wasserversorgung entsprechend zu investieren, aber auch, um ihnen eine langfristige Gewinngarantie zu geben und sie so anzuwerben, gibt es Vertragslaufzeiten von 20 und mehr Jahren. Wenn eine Firma einmal eine Betriebserlaubnis erhalten hat, gibt es kaum Wechsel nach Ablauf der Vertragslaufzeit. Schon deshalb nicht, weil die Firma in so langer Zeit Kompetenzen erwirbt, die in der öffentlichen Hand verloren gehen und bei Neuausschreibungen von Vorteil sind. Zugleich ergeben sich Verbindungen von Firmen und Verwaltung, die eine Fortsetzung einer Konzession begünstigen. So entstehen dauerhafte private Monopole oder Oligopole. Im stark privatisierten Frankreich beherrschen z.B. drei Konzerne nahezu 80% der Wasserwirtschaft. Neben der Übertragung an Private gibt es auch die Möglichkeit, als öffentliche Hand mit einer privaten Rechtsform zu arbeiten, in Deutschland z.B. in Form einer GmbH oder einer Aktiengesellschaft. Auch die holländischen Unternehmen sind Aktiengesellschaften, die aber zu hundert Prozent in öffentlicher Hand sind.

Welche Folgen eine Privatisierung der Wasserversorgung hat, wird später noch in Kapitel 5 ausführlich erläutert. Zunächst soll näher auf die Voraussetzungen und Erfordernisse einer guten Wasserversorgung und auf die Entwicklung in Deutschland eingegangen werden.

3. Gute Wasserversorgung

Die Frage nach der Qualität der Wasserversorgung ist natürlich von immenser Bedeutung für die BürgerInnen. In Deutschland gilt sie als hervorragend, weil sie in langer Entwicklung die beste Verbindung von ortsnaher Versorgung, verfügbaren Wasserressourcen und deren Qualität geschaffen hat.

In Deutschland ist die Wasserversorgung jedoch angeblich teuer, dann nämlich, wenn nicht beachtet wird, dass es sich um Systemleistungen handelt: Es dreht sich nicht nur um die Beschaffung und die Lieferung von Wasser und das Wegschaffen von Schmutzwasser, sondern auch um die natürlichen Rahmenbedingungen, also die Sicherung und den Schutz von Wasserressourcen, um elementare Gesundheitsvorsorge.

Gute Wasserversorgung gibt es nicht umsonst

Wer nicht gerade an einer Quelle sitzt, muss den Wasserhahn aufdrehen, und hinter dem Hahn liegen eine lange Wasserleitung und viele weitere technische Anlagen. Werden diese technischen Anlagen nicht in Schuss gehalten, ist eine Verschmutzung und Verkeimung unausweichlich – mit allen Folgen für die Gesundheit.

Eine Verwahrlosung der Anlagen kann sich über Jahrzehnte hinziehen, ohne dass sie bemerkt wird, denn anders als etwa das Straßennetz, liegen die Leitungen unter der Erde und ihr Zustand kann nur mit hohem Aufwand überprüft werden. Vielen Menschen ist dies kaum bewusst, aber genau dies muss man sich vor Augen halten, wenn über angeblich zu hohe Wasserpreise gestritten wird. Misstrauisch muss aber auch stimmen, wenn Kommunalpolitiker stolz verkünden, dass die Wasserpreise oder Abwassergebühren über Jahre hinweg gleich geblieben seien.

Je offener die Kosten der Wasserversorgung dargelegt werden, umso deutlicher kann die Frage beantwortet werden, ob eine Privatisierung die bessere oder schlechtere Lösung für die Sicherung der Qualität des Trinkwassers, die Sicherheit der Versorgung und die Höhe der Wasserpreise sein kann.

Privatisierungsbefürworter behaupten gerne, dass eine Zusammenlegung der vielen kleinen Wasserversorger – in Deutschland – die »Effizienz« verbessern könne. Jedoch gerade im Wasserbereich gilt der Slogan »big is beautiful« nicht so ohne weiteres. Kleine »Inselversorgungen« können die kostengünstigsten und auch lokal besten sein.

Entgegen landläufiger Meinung sind es nicht etwa überbordende Personalkosten, die den größten Teil der Wasserkosten ausmachen, sondern die hohen Fixkosten. Grundsätzlich gilt (bei gutem Zustand): Circa 80% sind Fixkosten aufgrund der technischen Anlagen, davon 57% Kapitalkosten (Abschreibungen und Zinsen) und 23% Materialkosten, die Personalkosten hingegen machen nur 11 bis 13% aus. Die Anteile an den technischen Kosten schlüsseln sich folgendermaßen auf (BDEW 2010): Gewässerschutz: Gewässerschutzmaßnahmen, Labor: 1%; Wassergewinnung (Grundwasser, Oberflächenwasser, Uferfiltrat): 1%, Wasseraufbereitung: einfaches Aufbereitungsverfahren bei Grundwasser, dagegen ist Oberflächenwasser Umwelteinflüssen stärker ausgesetzt und muss deshalb in mehrstufigen Aufbereitungsverfahren behandelt werden: 25%; Verteilung: 73%.

Diese Fakten sind unbestritten, und an ihnen kommt in einer qualifizierten Diskussion niemand vorbei. Es gibt aber auch mehrere Faktoren, die für – unterschiedliche – fixe Kosten sorgen.

Leitungsnetze haben einen je nach Örtlichkeit stark unterschiedliches Ausmaß. Um sich eine Vorstellung machen zu können, drei Beispiele: Die Berliner Wasserbetriebe versorgen circa 3,7 Mio. EinwohnerInnen im Stadtgebiet mit Trinkwasser über eine Leitungslänge von 9.500 Kilometern, das heißt 2,6 Meter pro Kopf. Eine mittelgroße Stadt wie Kassel mit rund 200.000 Einwohnern hat eine Wasserleitungslänge von 1.000 Kilometern, das heißt 5 Meter pro Kopf. Eine ländliche Gemeinde wie Frielendorf/Nordhessen dagegen, bestehend aus 16 Ortsteilen und 8.000 Einwohnern auf 90 Quadratkilometern, hat eine Leitungslänge von circa 100 Kilometern, das heißt 12,5 Meter pro Kopf.

Die *Kosten des Leitungsnetzes* sind entsprechend unterschiedlich. Leitungsrohre haben eine Lebensdauer von durchschnittlich etwa 50 Jahren. Dabei gibt es durchaus Schwankungen, z.B. je nach Erstellungsdatum (Vorkriegszeit, Nachkriegszeit). Auf jeden Fall hält ein privates Rohr wahrscheinlich nicht länger als ein öffentliches. Und daher muss – bei gut unterhaltenem Leitungsnetz – jährlich ein Fünfzigstel, also 2% erneuert werden. Auf dem flachen Land lässt sich ein Leitungskilometer für 150.000 bis 200.000 Euro verlegen; die Verlegung von Wasserrohren in felsigen Bodenarten verursacht höhere Kosten als in Sand. In bereits belegten städtischen Gebieten mit Straßen, Nahverkehr, Strom- und Telekommunikationsleitungen können es durchaus 500.000 Euro pro Kilometer sein. In den obengenannten Beispielen ergäbe sich dadurch eine Erneuerungsrate:

- für Berlin: jährlich 190 km (x 500.000 Euro) = 95 Mio. Euro, pro Einwohner: 27 Euro
- für Kassel: jährlich 20 km (x 500.000 Euro) = 10 Mio. Euro, pro Einwohner: 50 Euro
- für die Landgemeinde: 2 km (x 150.000 Euro) = 300.000 Euro; pro Einwohner: 38 Euro

Was bei rein betriebwirtschaftlicher Sichtweise nicht beachtet wird, ist, dass zum dauerhaften Erhalt qualitativ guten Trinkwassers auch *Maßnahmen zum Schutz der Wasservorkommen* gehören. Das umfasst Kooperation mit Landwirtschaftsbetrieben gegen Überdüngung und Pestizide, die ins Grundwasser einsickern, Kauf von Flächen zur Sicherung von Wasservorkommen oder Laboruntersuchungen.

Um den nachfolgenden Generationen keinen Investitionsstau zu hinterlassen sind *Instandhaltung und Ersatzinvestitionen* unabdingbar, und das kostet echtes Geld. Die Investitionen in Leitungen, Anlagen und Gebäude müssen so auf die Jahre ihrer Nutzung verteilt werden, dass am Ende ihrer Lebensdauer genug Geld da ist, um Neuinvestitionen zu bezahlen. Die Kapitalkosten für Anlagen und Netze machen einen großen Teil der Gesamtkosten aus. In welcher Höhe diese Kosten in die Preise eingehen, kann sich erheblich unterscheiden, je nachdem wie die Bewertungsansätze gewählt werden. Dabei spielen technische Elemente eine Rolle wie die Anschaffungs-/Herstellungskosten oder Wiederbeschaffung, Anrechnung von Zuschüssen, Nutzungsdauer und lineare oder degressive Abschreibung, je nach aktueller oder längerfristig zu planender Finanzsituation.

Je sorgfältiger die *laufende Unterhaltung* gemacht wird, umso länger halten die Anlagen. Falls diese Erneuerung nicht systematisch betrieben wird, gibt es Nachholbedarf, und bezahlen müssen dies allemal die BürgerInnen – egal, welche Organisationsform, privat oder öffentlich. Manche KommunalpolitikerInnen möchten dies gerne verdrängen, um der Wählerschaft keine höheren Preise bzw. Gebühren abzuverlangen. Umso größer ist dann der Aufschrei, wenn der tatsächliche Zustand der Leitungsnetze zutage tritt und die Kosten für Sanierungen explodieren. In vielen ländlichen Gemeinden gibt es Nachholbedarf, aber diese Tendenz besteht auch in Großstädten. Stadtwerke gelten als Goldesel, wenn es etwa darum geht, Geld aufzutreiben für die unvermeidlichen Zuschüsse für den öffentlichen Nahverkehr oder um Haushaltslöcher zu verringern. Die Versuchung, die Gewinne der Stadtwerke eher für die Behebung aktuell drängender Aufgaben zu verwenden als für eine fortlaufende Pflege des Leitungsnetzes, ist groß. Solche Konflikte, nämlich der Streit über die Gewichtung der Aufgaben einer Gemeinde, sind gewissermaßen das täglich Brot in der Kommunalpolitik. Sie könnten im Interesse der BürgerInnen umso sachlicher und sachdienlicher ausgetragen werden, je offener die Struktur und die Kosten der jeweiligen Wasserversorgung dargelegt werden.

Angesichts der notorischen Finanznot der Gemeinden würde jedoch auch die Offenlegung der Kosten nicht zwangsläufig zur Lösung der Konflikte bei der Finanzierung der kommunalen Aufgaben führen. Eine echte Lösung könnte letztlich nur in einer grundsätzlichen Neuordnung der Grundlagen der Gemeindefinanzierung bestehen.

Wo sparen? oder:
Was könnte ein Privatunternehmen besser machen?

Angesichts der vielen fixen Kosten stellt sich die Frage, wo überhaupt gespart werden kann, so wie es Privatisierungsbefürworter gerne behaupten. Ein Blick auf die Kostenbestandteile zeigt, dass die Spielräume gar nicht so groß sind.

Kosten sparen?

Personalkosten? Mit etwa 10-13% Anteil an den Gesamtkosten ist dies ein eher zu vernachlässigender Posten. An der Qualifikation des Personals zu sparen, würde sich wohl kaum auszahlen.

Kapitalkosten? Kommunalkredite sind immer noch die billigsten.

Materialkosten? Das ist zwar verführerisch, denn die Rohre liegen ja unter der Erde, wo sie keiner sieht; nach Angaben von Insidern beruht das »günstigere« Angebot jedoch häufig auf schlechterem Material.

Anlagenplanung? Bei der Planung z.B. von Abwasseranlagen wäre zu überprüfen, welche Größe der Anlagen und welche Leitungslängen sinnvoll sind. Ab sechs Meter Abwasserkanal pro Einwohner könnte es kostengünstiger sein, dezentrale Alternativen zu berücksichtigen. Der derzeit gesetzlich vorgeschriebene Anschlusszwang führt gerade in ländlichen Gebieten zu absurden Kosten. Wenn etwa abzusehen ist, dass im Ortsteil XY in 30 Jahren wegen der demografischen Entwicklung kein Mensch mehr lebt, dann sollten Alternativen zu kilometerlanger Leitungen gesucht werden.

Synergie-Effekte durch Zusammenlegung zu größeren Einheiten? Dies kann eine leere Behauptung sein. Es lohnt sich ganz genau hinzusehen! Zum Beispiel könnte die Erstellung von Gebührenbescheiden oder Laboruntersuchungen möglicherweise kostengünstiger sein; ein gemeinsamer Fuhrpark von Abwasserbetrieb und Wasserbetrieb ist jedoch Unsinn.

Größeres Know-how? Private Betreiber behaupten: »Bei Beratung, Planung und Umsetzung von Investitionsentscheidungen kann ein privater Anbieter in der Regel auf spezifische Kenntnisse und Erfahrungen zurückgreifen.« Auch Stadtwerke (formal privatisiert als AGs und GmbHs oder auch teilprivatisiert mit einem Großkonzern als »strategischem« Partner an der Seite) reißen sich um Betriebsführungen: «Hilfestellung für kleinere Kommunen angesichts gestiegener Anforderungen«. Fakt ist, außerhalb der eigenen Gemeinde wollen auch sie in erster Linie Geld verdienen und möglichst teure Dienstleistungen verkaufen und nicht unbedingt angepasste kostengünstige Lösungen. Ob das billiger wird? Die angeblichen Effizienzsteigerungen von 10 bis 20% sind fiktive Zahlen; nirgends belegt, werden sie immer weiter zitiert.

Fazit: Bei gleicher Qualität und Nachhaltigkeit der Wasserversorgung können private Versorger nicht kostengünstiger sein als öffentliche Wasserbetriebe; im Gegenteil: bei Privatunternehmen kommen die Mehrwertsteuern noch hinzu, und vor allem: die Gewinne.

Kann man Trinkwasser trinken? Die Angst vor Schadstoffen und Keimen im Trinkwasser

Viele BürgerInnen trauen dem Trinkwasser nicht über den Weg: Schadstoffe und Keime im Lebensmittel Nr. 1 könnten die Gesundheit gefährden. Für Hunderte oder gar Tausende Euro werden mehr oder weniger dubiose Trinkwasserfilter installiert, um aus dem misstrauisch beäugten Leitungswasser tatsächlich gesundes Trinkwasser zu produzieren. Wer nicht in einen Aktivkohlefilter, in eine Umkehrosmoseanlage oder in eine esoterische Gerätschaft zur »Energetisierung« des Leitungswassers investiert, kauft zumindest Flaschenwasser, um seiner Gesundheit etwas Gutes zu tun. Ist diese Vorsicht gegenüber dem Leitungswasser angebracht? Bevor diese Frage beantwortet wird, müssen zunächst einige Relationen geradegerückt werden: In der Regel nimmt man hundert- oder gar tausendmal soviel Schadstoffe über die Atemluft, über Nahrungsmittel oder über chemisch imprägnierte Kleidungsstücke direkt über die Haut auf als selbst bei Ausschöpfung der zulässigen Grenzwerte bei Trinkwasser möglich wäre.

Nur bei Nitrat und Blei kann Trinkwasser in bestimmten Fällen einen relevanten Beitrag zur Schadstoffbelastung liefern. Nitrat ist überall dort ein Problem, wo man den Landwirten in den Einzugsbereichen der Trinkwasserbrunnen zu spät klargemacht hat, dass das Motto »Viel hilft viel« bei der Stickstoffdüngung längst überholt ist. Inzwischen haben viele Landwirte erkannt, dass man durch eine intelligente Stickstoff-Düngung in kleinen Dosen nicht nur eine Grundwasserbelastung reduzieren, sondern zudem Geld sparen kann. Mit den Spätfolgen einer überzogenen Düngung müssen viele Wasserwerke aber auch heute noch kämpfen, da aufgrund der langen Fließdauer von den Grundwasserneubildungsgebieten bis zu den Grundwasserbrunnen die Nitratfrachten erst jetzt ankommen. Blei im Trinkwasser ist ebenfalls eine Spätfolge mangelnder Vorsicht bei der Installierung von bleihaltigen Leitungsrohren in den Gebäuden. Während beispielsweise der Erzherzog von Baden und der König von Württemberg schon im 19. Jahrhundert den Einbau von Bleileitungen rigoros untersagt hatten, waren die preußischen Monarchen von weniger Weitsicht geprägt. In Nord- und Ostdeutschland laufen demzufolge immer noch Austauschprogramme, um die alten Bleileitungen in den Hausanschlüssen und in der Gebäudeinstallation endlich auszubauen.

Das Misstrauen gegenüber dem »Leitungswasser« wird auch durch zahlreiche Presseberichte gefördert, in denen Mikroverunreinigungen und Spurenstoffe im Trinkwasser unter dem Motto »Die Apotheke aus dem Wasserhahn« problematisiert werden. Tatsächlich konnten in einigen Fällen Röntgenkontrastmittel und Pharmawirkstoffe sowie Pestizide mittels modernster Analysemethoden in der Konzentration von Milliardstel Gramm pro Liter im Trinkwasser nachgewiesen werden. Diese Konzentrationen sind so gering, dass nach jetzigem Wissen eine Gefährdung der menschlichen Gesundheit ausgeschlossen werden kann.

Bedenklich sind diese Befunde deshalb, weil sie verdeutlichen, dass wir inzwischen einer umfassenden Chemikalisierung ausgesetzt sind: Biologisch schwer abbaubare Chemikalien und Pharmawirkstoffe »durchbrechen« sowohl die Reinigungsstufen herkömmlicher Kläranlagen als auch die Uferfiltratpassagen der Rhein- oder der Berliner Wasserwerke an der Havel. Wenn das Wasser aus den Flüssen durch Sand- und Kiesschichten zu den Entnahmebrunnen der Wasserwerke fließt, werden die meisten Schadstoffe mikrobiell abgebaut oder bleiben in dieser Uferfiltratpassage »hängen«. Je wasserähnlicher (»polarer«) sich ein Schadstoff verhält und je schwerer abbaubar (»refraktär«) er ist, desto größer ist die Wahrscheinlichkeit, dass er der Rückhaltekapazität und Abbauleistung der Uferfiltratpassage trotzt.

Ärgerlich sind die Befunde an »Mikroverunreinigen« auch deshalb, weil damit der Trinkwasser-Norm »DIN 2000« nicht mehr Genüge getan wird. Diese DIN-Norm enthält die zentralen Grundsätze für eine anspruchsvolle Trinkwasserversorgung. Danach muss Trinkwasser frei sein von Krankheitserregern und darf keine gesundheitsschädlichen Eigenschaften haben. Zudem soll Trinkwasser keimarm, appetitlich sein und zum Genuss anregen sowie geruch- und farblos, kühl und geschmacklich einwandfrei sein. Wenn über den Urin ausgeschiedene Röntgenkontrastmittel – wenn auch nur in winzigsten Konzentrationen – im Trinkwasser enthalten sind, wird das »Leitungswasser« von manchen Trinkwasserkonsumenten nicht mehr als sonderlich »appetitlich« empfunden. Hier gilt es, durch eine restriktivere Chemikalienpolitik und ein anderes »Design« von Pharmawirkstoffen sowie durch weitergehende Reinigungsstufen in den Kläranlagen von vornherein zu verhindern, dass diese Stoffe überhaupt in den Wasserkreislauf gelangen.

Wenn Mikroverunreinigungen trotz der reinigenden Bodenschichten auch im »Rohwasser« der Wasserwerke analytisch nachgewiesen werden können, gilt das »Minimierungsgebot« in der Trinkwasserverordnung. Danach muss der Wasserversorger

– im Rahmen des wirtschaftlich Zumutbaren – ständig bemüht sein, die Schadstoffkonzentrationen zu minimieren. Die Verordnung enthält neben den Grenzwerten auch die Kontroll- und Überwachungspflichten – sowohl für die Eigenkontrolle der Wasserversorger als auch für die Gesundheitsämter. Da die Trinkwasserverordnung auf dem Bundesinfektionsschutzgesetz basiert, ist sie im Gegensatz zur DIN 2000 rechtlich verbindlich und mit Bußgeldern bewehrt, wenn Vorgaben der Verordnung nicht oder nur unzureichend eingehalten werden.

Die wesentliche Beeinträchtigung der Trinkwassergüte geht jedoch nicht von Chemikalien aus – sondern von Keimen. Dazu zählen Bakterien, Viren und Parasiteneier. Die Mikroorganismen können beispielsweise in Folge von Hochwasser in die Brunnenanlagen in überschwemmten Bach- und Flussauen gelangen – oder wenn im Einzugsgebiet von Quellfassungen Gülle ausgebracht wird. Im Gegensatz zu den Mikroverunreinigungen können von den Mikroorganismen tatsächlich Gesundheitsgefahren ausgehen. Deshalb beinhaltet die Trinkwasserverordnung strenge Vorgaben, um zum einen zu verhindern, dass überhaupt gesundheitsschädliche Keime ins Trinkwasser gelangen – und falls doch, dass sofortige Gegenmaßnahmen (Chloren, Abkochgebote) eingeleitet und die Bevölkerung umfassend informiert und gewarnt wird. Grundwasser in tiefliegenden Sand- und Kiesschichten ist durch mikrobielle Einbrüche kaum gefährdet – und wird deshalb bevorzugt zur Trinkwassergewinnung genutzt.

Da mit Mikroorganismen in der Trinkwasserversorgung nicht zu spaßen ist, gilt das Hauptaugenmerk verantwortungsbewusster Wasserwerker der Vermeidung von mikrobiellen Risiken. Dazu wurde früher routinemäßig in vielen Wasserwerken das Trinkwasser gechlort. Stark gechlortes Trinkwasser ist aber nicht nach dem Geschmack der deutschen Trinkwasserkonsumenten (während US-Amerikaner das deutsche Trinkwasser aufgrund der geringen oder gar nicht getätigten Chlorung als »schal« einstufen). In Deutschland stehen Wasserwerker und TrinkwasserkonsumentInnen der Chlorung nicht nur aus Geschmacksgründen skeptisch gegenüber. Infolge einer Chlorung können sich nämlich auch gesundheitsschädliche Desinfektionsnebenprodukte bilden. Deshalb wurde in den letzten Jahren in immer mehr Wasserwerken die Chlorung abgestellt. Um trotzdem die Gefahr einer sporadischen Verkeimung auszuschließen, wird stattdessen das Trinkwasser mit UV-Licht behandelt. Das energiereiche UV-Licht inaktiviert Bakterien und Viren. Noch weitergehende Aufbereitungsverfahren nutzen zusätzlich die oxidative Kraft von Ozon.

Jegliche Vorsorge im Wasserwerk nützt allerdings nichts, wenn in der Trinkwasserinstallation in den Gebäuden die vorgeschriebenen Hygienegrundsätze der Trinkwasserverordnung missachtet werden. Dies betrifft insbesondere Legionellen, die bei immungeschädigten Personen (frisch Operierte sowie alte und kranke Menschen) zu oft tödlich verlaufenden Lungenentzündungen führen können. Die Legionellen nisten sich in der Hausinstallation ein, wenn das Leitungssystem nicht den allgemein anerkannten Regeln der Technik entspricht und im Warmwassersystem – beispielsweise von Kliniken, Altersheimen, Hotels und großen Mietgebäuden – eine kritische Wassertemperatur von 60 Grad dauerhaft unterschritten wird.

Fazit: Trinkwasser kann man in Deutschland in aller Regel unbesorgt konsumieren. Hygienische Risiken sind weniger in chemischen Spurenstoffen zu sehen als vielmehr in mehr oder weniger plötzlichen Keimeinbrüchen. Die Sicherstellung einer hygienisch einwandfreien Trinkwasserversorgung ist deshalb keine triviale Aufgabe. Das »Regelwerk« der Deutschen Vereinigung des Gas- und Wasserfaches« (DVGW) stellt zur Erfüllung dieser anspruchsvollen Aufgabe die Grundsätze bereit. Wer die DVGW-Regeln beachtet, beherrscht die guten Managementpraktiken in der Wasserversorgung – und kann den BürgerInnen (von Katastrophen abgesehen) an 365 Tagen im Jahr und 24 Stunden am Tag jederzeit ein Trinkwasser hoher Güte zur Verfügung stellen. Davon kann ein Großteil der Menschheit bislang leider nur träumen. Versorgungssicherheit und die Gewährleistung einer hohen Trinkwassergüte sind nicht nur eine Technikleistung – sondern auch eine kulturelle.

4. Wasserversorgung in Deutschland: ein Erfolgsmodell ohne Abstriche?

Die Menschen haben seit jeher mit Vorliebe am Wasser gebaut. Neben die offensichtlichen Vorteile traten Nachteile, weil die Abwassereinleitungen dicht neben den Schöpfstellen für Trinkwasser lagen. Erst in der aufkommenden Moderne ließ sich diese Standortabhängigkeit mildern. Dampfmaschinen und eiserne Transportleitungen ermöglichten zunehmend flächendeckende und vom Gelände unabhängige Wasserversorgungen auch über weitere Entfernungen hinweg. In Deutschland setzte diese Entwicklung um die Mitte des 19. Jahrhunderts ein.

Noch war allenthalben das materielle Erbe der mittelalterlichen Versorgung vorhanden. Es bestand fast überall aus wenig leistungsfähigen, zum Teil stark differenzierten Kleinsystemen. Sie erreichten – neben der verbreiteten öffentlichen und privaten Versorgung aus Ziehbrunnen – meist nur zahlungskräftige Haushalte. In Hamburg waren um 1845 nur rund 10% der Bevölkerung an die privaten Leitungsanlagen angeschlossen.

Der wachsende Brauchwasserbedarf von Manufakturen, neu entstandenen Fabriken, öffentlichen Einrichtungen wie Schlachthöfen und der Kohle- und Erzförderung setzte eine weitgreifende Entwicklung in Gang. Zudem hatte Wasser als unverzichtbares Lebensmittel bald eine Schlüsselstellung, als die Städte immer schneller wuchsen und die für akzeptable Lebensbedingungen nötige Infrastruktur nicht mithalten konnte.

Unter dem Eindruck ebenfalls wachsender sozialer Unzufriedenheit erschien vielerorts die miserable Wasserversorgung der Bevölkerungsmehrheit als politisch zunehmend riskant für die herrschenden Kreise. Der aufkommende Handlungswille verband sich mit der Einsicht, dass nur zentrale Versorgungen die zum Teil katastrophalen hygienischen Verhältnisse verbessern konnten. In der zweiten Hälfte des 19. Jahrhunderts traten oft mehr oder weniger weit verbreitete Infektionskrankheiten auf. Insbesondere Typhus und Cholera verbreiteten sich leicht entlang der stark beansprucht, für die Wasserversorgung genutzten Flüsse. Diese Krankheitswellen kosteten viele Todesopfer und wurden auch als wirtschaftliche »Standort«-Bedrohung gesehen.

Die fortschrittliche Idee einer »hygienisierten« Stadt mit der Wasserwirtschaft als zentraler Aufgabe verband sich bald mit dem Leitbild einer physisch und moralisch gesunden Bürgerschaft. Einer der Hintergedanken war, auf diese Weise insbesondere den proletarischen Teil von aufrührerischen Gedanken abzubringen. Die Verinnerlichung von Wasser als klar fließendem Element einer innerlich und äußerlich sauberen, appetitlichen Lebensführung nahm damals ihren Anfang und findet sich zum Teil bis heute in ausgedehnten wässrigen Scheuerritualen. In Traktaten wurden die Frauen als »Trägerinnen der Hygiene« aufgefordert, nie an Wasser zu sparen. Andere feierten die Wasserversorgungssysteme als wesentlichen Teil zur Lösung der sozialen Krise. Diese Bedeutungserhöhung trug auch zur pompösen Ausgestaltung der oberirdischen Versorgungsanlagen bei.

Die heute kaum noch vorstellbaren hygienischen Missstände in den meisten Städten hatten vielfach dazu geführt, dass vor zentralen Wasserversorgungen bereits Leitungen für eine Schwemmkanalisation gebaut wurden, so in Hamburg und Frankfurt a.M. Die Schwemmkanalisation erschien zunächst als größere hygienische Errungenschaft und war ihrerseits ein Antrieb, zu ihrer Funktionsfähigkeit immer mehr und ständig verfügbares Wasser egal welcher Herkunft herbeizuschaffen. Insofern ist ihr in fast allen Orten eine technische und räumliche Aufblähung der Wasserversorgung zuzuschreiben. Zugleich brachte sie eine Entwertung des Trinkwassers zum Transportmittel für Fäkalabwässer mit sich.

In Frankfurt a.M. ging die 1873 fertiggestellte 70 km lange Trinkwasserleitung aus dem Vogelsberg der Gewinnung von Grundwasser aus dem Frankfurter Stadtwald voraus. Der damals bald entstandene Streit über negative Folgen der Wasserentnahme im Vogelsberg zog sich übrigens bis in die 90er Jahre des 20. Jahrhunderts hin.

Die Schwemmkanalisation wuchs bis nach dem Zweiten Weltkrieg parallel zur Wasserversorgung und führte wegen der Einleitung ungereinigter Abwässer zur weiträumigen Verbreitung zusätzlicher starker Gewässerbelastungen. In jüngerer Zeit wurde die ausreichende Spül- respektive Transportfähigkeit der Abwassersysteme aufgrund lokal und sektoral deutlich verringerter Wasserverbrauchsmengen wieder zum Thema gemacht.

Summarisch lässt sich feststellen, dass bis zum Beginn des 20. Jahrhunderts in den städtischen Siedlungsräumen der Aufbau einer integrierten Infrastruktur mit Wasserversorgung und Abwasserentsorgung, Strom- und Gaslieferung und Nah- und Fernverkehr im Wesentlichen erreicht worden war. Die leitungsgebundenen Versorgungseinrichtungen lassen sich mit Mayntz und Hughes (1988) als große technische Systeme (GTS) charakterisieren. Unter ihnen nehmen Wasser und Abwasser wegen der Kapitalintensität der Anlagen, der Standortgebundenheit und des unmittelbaren Umweltbezugs einen Sonderstatus ein.

Der Begriff GTS schafft ein erweitertes Verständnis solcher Infrastruktursysteme. Er schützt auf der einen Seite vor der verengten Betrachtung bloßer technischer Anlagen und auf der anderen Seite vor einem isolierten Kostendenken, sei es als Verbraucher, sei es als Kommunalpolitiker oder markttheoretisch auftretender Systemveränderer. Die GTS bestehen neben den dinglichen Einrichtungen, sozusagen der Hardware, aus:

- Kenntnissen und Methoden sowie deren Erweiterung in Forschung und Lehre (»Software«),
- Herstellern und Abnehmern von Gütern und Dienstleistungen sowie verbundenen Organisationen,
- institutionalisierten Rahmenbedingungen in Form von Gesetzen, Normen, technischen Regeln, allgemeinen »Richtlinien für die menschliche Interaktion«,
- natürlichen Ressourcen sowie deren Verfügbarkeit und Qualität.

Die GTS sind also ein komplexes System von Problemlösungen, das zwischen der Natur und dem gesellschaftlich bestimmten Bedarf vermittelt. Die »System Builders«, hier die Fachleute in der Wasserwirtschaft, spielen dabei eine Schlüsselrolle. In den ersten Jahrzehnten waren in deutschen Großstädten und im Ruhrgebiet englische »Civil Engineers« (allen voran William

Lindley und einer seiner Söhne) die wichtigsten Impulsgeber für das, was heute Technologietransfer genannt wird. Sie übernahmen auch die Betriebsführung für die mit englischen Maschinen betriebenen Anlagen, in denen auch englisches Privatkapital steckte.

Fachliche Optimierung als Daueraufgabe

Eine bis heute zentrale Rolle gewann bald die seit 1859 zunächst unter anderem Namen bestehende Deutsche Vereinigung des Gas- und Wasserfaches e.V. (DVGW). In ihr bildeten sich auch die Unsicherheiten und Konflikte ab, die sich bei dem starken Ausbau der Wasserversorgung zwischen einzelnen Regionen, Nutzern und Anwendungen ergaben. So waren beispielsweise der Bau von Talsperren (die erste deutsche wurde erst 1891 im Bergischen Land in Betrieb genommen) und die Frage der Trinkwasserreinigung bis hin zur Behandlung mit dem giftigen Chlorgas fachlich umstritten.

Nach englischem Vorbild setzte die deutsche Wasserversorgung sehr früh auf die – ohnehin naheliegende – Sand- und Kiesfiltration, die natürliche Filterprozesse des Bodens nachbildet, und die Nutzung der so genannten Uferfiltration. Sie bedeutet die Entnahme von Flusswasser mittels Brunnen in Ufernähe nach ausreichend langer Bodenpassage. Ähnlich wirkt die auch heute noch praktizierte Einleitung von Oberflächenwasser in den Untergrund: die so genannte Anreicherung von Grundwasser. Sie kann auch in grundwasserarmen Gebieten die verfügbaren qualitativ hinreichenden Wassermengen erhöhen. Schon bald verbreitete sich aber die Überzeugung, dass ausreichend tief liegendes Grundwasser die einzige wirklich sichere Quelle für Trinkwasser sei.

Die in den frühen Jahren vor allem in größeren Städten öfter diskutierte Frage eines doppelten Versorgungssystems für Brauchwasser (Industrie und Gewerbe, öffentliche Reinigungszwecke) und Trinkwasser für die Haushalte wurde in aller Regel zugunsten zentralisierter Einleitungssysteme entschieden. (Ausnahmen waren u.a. Stuttgart und Teile von Frankfurt.) Erst in den 1980er Jahren wurde die Idee wieder ins Spiel gebracht. Hier sind nicht nur Hygiene- und Kostenfragen bedeutsam, sondern auch die Frage nach der Qualität und nach näherer oder weiter entfernter Verfügbarkeit von Ressourcen. Die Entscheidung für das Einleitungssystem war in vielen Orten zugleich die Entscheidung für die vorrangige Nutzung von Flusswasser – und wegen dessen schlechter Qualität für aufwendige Aufbereitungsverfahren, also für weitere Technisierung.

All dies wurde und wird in Fachdiskussionen intensiv behandelt. Der DVGW entwickelte sich stetig als Fachverband auf freiwilliger Basis, der insbesondere aus Praxis und Forschung entstandene fachliche Regelwerke für alle konkreten Fragen des Baus und Betriebes der Versorgungsanlagen ausarbeitete. Sie sind auch heute noch selbstverständliche Anleitungen (»Regeln der Technik«), die zwar keine Gesetzeskraft besitzen, aber haftungsbegründende Normsetzungen bilden.

Diese fachliche Selbstorganisation und Selbstverwaltung ist ein ziemlich einzigartiges Modell. Es hat sich neben der wirtschaftlichen (und politischen) Führung der Betriebe als ein seit weit über einem Jahrhundert durchlaufendes Prinzip einer im Großen und Ganzen zuverlässigen, der Qualität der Versorgung verpflichteten Optimierungsstrategie herausgebildet. Maßgeblich dafür ist nicht nur die Orientierung an von der Branche selbst gesetzten Normen, sondern auch deren individuelle Verinnerlichung als objektives, nicht betriebsspezifisches Leistungsprinzip vor allem des Fachpersonals.

Seit gut einem Jahrzehnt ist allerdings zu beobachten, dass die Bereitschaft von öffentlichen Wasserversorgern nachlässt, ihre Mitarbeiter auf Firmenkosten in die DVGW-Fachausschüsse zu senden. Ebenso schwindet in vielen Unternehmen die technische Rationalität zugunsten der betriebswirtschaftlichen, was sich auf die Motivation gerade fachlich qualifizierter Mitarbeiter negativ auswirkt.

Wasserversorgung – eine zunächst offene Entwicklung

Mit der Einführung neuer Techniken veränderten sich auch die sozialen Praktiken. Die mittelalterlichen Wasserversorgungen waren einfach, anschaulich und bezogen viele Menschen direkt ein.

Es bestand eine starke Vergesellschaftung der Wassernutzung bis hin zu zahlreichen Bräuchen und kulturell überformten Vorstellungen. Dagegen ging die moderne Wasserversorgung mit ihrer Technisierung und Zentralisierung einen anderen Weg.

Für die einzelnen Wassernutzer sind im Allgemeinen die neuzeitlichen Anlagen der Wasserversorgung unsichtbar geworden. Sie entziehen sich einer einheitlichen Wahrnehmung und Beurteilung. Trinkwasser erscheint als technisch vermitteltes Produkt, dessen Naturhaftigkeit in Frage gestellt ist. Mit dieser Entwicklung werden ohnehin bestehende Tendenzen gefördert, Wasser als Ware zu betrachten und Wasserversorgung dementsprechend als normale Marktaktivität.

Die Angehörigen der Versorgungsbetriebe sind dagegen wie die politischen Kontrollinstanzen dauerhaft eingebunden. Bei großen technischen Systemen sind im Laufe der Zeit naturgemäß verschiedene Entwicklungs- und Anpassungsschritte zu beobachten. Ab einem bestimmten Alter und einer bestimmten Größe – was nicht mit Marktposition gleichzusetzen ist – entwickeln GTS eine Eigendynamik mit eigenen Regeln. Sie können einerseits zur Stabilisierung gegenüber störenden äußeren Einflüssen beitragen und damit sogar Innovationen fördern. Andererseits können sie eine Tendenz zur Bürokratisierung und Abschottung gegenüber von außen herangetragenen Veränderungswünschen und Kritik fördern.

Beides ist in den 150 Jahren neuzeitlicher Wasserwirtschaft zu beobachten. Insgesamt dürfte sie in Deutschland ihre Eigendynamik über eine lange Entwicklungszeit zum allgemeinen Wohl genutzt haben. Dabei ist der äußere Anpassungsdruck durch die rasche Bevölkerungsentwicklung, die Schaffung von industriell-urbanen Ballungsgebieten und die Folgen von zwei Weltkriegen kaum zu überschätzen.

Längst abgeschlossen sind die weiträumigen Erschließungen von Wassergewinnungsgebieten mit Fernversorgungssystemen und Speicheranlagen, vor allem Talsperren. Eingespielt sind die Umgestaltungen ganzer Flusssysteme, wie im Ruhrgebiet die Trennung von der Ruhr als Wassergewinnungsgebiet und der Emscher vorrangig als industrialisiertem Abwasserkanal. Dafür wurden weiträumige Organisationen wie der Ruhrtalsperren-verein, der Ruhrverband (wesentlich als Kläranlagenbetreiber) und die Emschergenossenschaft geschaffen. Dies war nicht ohne entschiedene staatliche Einflussnahme möglich, sodass schließlich aus den teils privaten, teils genossenschaftlichen Anfängen öffentlich-rechtliche Körperschaften entstanden.

In den ersten Jahrzehnten der modernen Wasserwirtschaft konkurrierten öffentliche, also vor allem städtische, und private Wasserversorger miteinander. In Berlin bestand einige Jahrzehnte eine private Gesellschaft, in Frankfurt a.M. eine gemischtwirtschaftliche, an anderen Stellen existierten Industriewasserwerke, die auch Versorgungsaufgaben in den Kommunen übernahmen. Daneben hatten sich, vor allem im ländlichen Raum, überörtliche Genossenschaften zur öffentlichen Versorgung etabliert, die mit den komplizierten Zuständigkeits- und Rechtsfragen bei Gebietsüberschreitungen am besten zurechtkamen.

Unabhängig davon schufen sich kleine Gemeinden überall in Deutschland eigene kleine Wasserwerke, wo die natürlichen Gegebenheiten ausreichten. Das konnte in vielen Einzelfällen der Betrieb eines einzigen Brunnens sein – was lokal durchaus die beste Lösung sein kann. Auf diese Weise wurden in den 1930er Jahren noch über 50.000 einzelne Wasserversorger gezählt. In technisch kaum erschlossenen, dünn besiedelten Gebieten existierten bis weit nach dem Zweiten Weltkrieg noch viele Ortschaften, in denen sich die Einwohner aus Einzelbrunnen versorgten.

Zusammenfassende Darstellungen über die Anteile von privaten und öffentlichen Versorgern im 19. Jahrhundert gibt es für Gesamtdeutschland nicht. Im Land Preußen waren um 1900 von den bestehenden 1.283 Wasserversorgungsunternehmen 83% staatlich. Ebenfalls in 83% der 48 deutschen Großstädte befand sich die Wasserversorgung in kommunaler Hand. Sie war ein beachtlicher Wirtschaftsfaktor. In diesen Jahren betrug der Beitrag der kommunalen Unternehmen an den Gemeindefinanzen im Deutschen Reich insgesamt 26%.

Bis in die 90er Jahre des 19. Jahrhunderts könnten schätzungsweise bis zu einem Viertel der städtischen Versorgungen gänzlich oder teilweise privat gewesen sein. Unbestritten ist die stetige Entwicklung hin zur Übernahme der privaten Wasserversorger durch die Kommunen. Eine zentrale Voraussetzung dafür war die Ausbildung von ausreichender Fachkompetenz in den Kommunen, was eine Professionalisierung der Verwaltung bedeutete. Dies galt für die rechtlich-administrativen, technischen und wirtschaftlichen Aufgaben. Die dauerhafte Erbringung von Leistungen der Daseinsvorsorge auf angemessenem Niveau setzt für die fachliche und politische Kontrolle geeignetes Fachpersonal voraus, was gerne übersehen wird. Outsourcen und Privatisieren schwächen dieses notwendige Potenzial, was sich für die Privatfirmen durchaus als Vorteil erweist.

Die Rekommunalisierung hatte mehrere Gründe. Zum Teil fehlte den Privaten das notwendige Kapital für den stetigen Ausbau der Anlagen in den stark wachsenden Städten, zum Teil verfolgten sie Interessen, die sich nicht als allgemeine darstellten. Andererseits wollten die Städte ihr Recht auf Selbstorganisation und Selbstverwaltung in der überaus wichtigen Infrastrukturfrage von Wasser- und Abwasserwirtschaft unbehindert ausüben. Das bedeutet grundsätzlich die Planungs- und Entscheidungshoheit in der Raumplanung, der Bauplanung und der Ausweisung und dem Schutz von Wasserressourcen.

Hier sind bis heute immer Nutzungskonflikte im Spiel, die sich gegen raum- und umweltbedeutsame (Rechts-)Ansprüche Privater nur mühsam klären und entscheiden lassen. Allerdings besteht im Interesse einer qualitativ einwandfreien und dauerhaft gesicherten Wasserversorgung ein vorrangiger öffentlicher Rechtsanspruch. Er lässt sich auch als Anspruch der Allgemeinheit auf ein wichtiges kollektives Gut interpretieren. Im Wasserhaushaltsgesetz der Bundesrepublik hat er als Vorrang der öffentlichen Wasserversorgung vor allen anderen Nutzungsansprüchen an die Gewässer Ausdruck gefunden.

Wasserversorgung als Daseinsvorsorge

Nach dem Zweiten Weltkrieg war die Trinkwasserversorgung in Deutschland zu über 95% in öffentlicher Hand. Sie hatte sich längst als ein Kernbereich dessen herausgebildet, was unter Daseinsvorsorge verstanden wird. Deren hauptsächliche Träger sind die Kommunen. Als ausschlaggebender Grund für die Schaffung öffentlicher Betriebe als Stützpfeiler der Daseinsvorsorge gilt nach wie vor die »Notwendigkeit der Ausschließung freier Konkurrenz und der sozial angemessenen, durch staatliche Gewährleistung gesicherten Versorgungsleistungen«, so Ernst Forsthoff im »Lehrbuch des Verwaltungsrechts« (1961).

Der Übergang von der (eher polizeirechtlich definierten) Ordnungs- zur (eher sozial orientierten) Leistungsverwaltung des Staates begann in den letzten beiden Jahrzehnten des 19. Jahrhunderts. Der Streit, ob der Staat dabei nur eine nachgeordnete (subsidiäre) Rolle spielen, ob er bestimmte Aufgaben grundsätzlich übernehmen oder nur zeitweise »interventionistisch« (z.B. bei »Marktversagen«) tätig werden solle, hält bis heute an.

Selbstverständlich hatten die Städte und Gemeinden sehr bald die Möglichkeit entdeckt, mit der Wasserversorgung nicht nur ihrem Auftrag gerecht zu werden, sondern auch Geld zu verdienen. Dies war schon wegen der außerordentlich hohen Investitionslasten für die Errichtung der kommunalen Infrastruktur verständlich, die bis zum Ersten Weltkrieg vielfach bis auf die Hälfte der Gemeindehaushalte anstiegen. Bis heute (oder schon wieder) löst bei manchen der Gedanke Befremden aus, dass Gemeinden neben der Erhebung von Steuern und Gebühren auch aus eigener Wirtschaftstätigkeit Gewinne erzielen können und sogar sollen. Dieses Prinzip ist jedoch, beginnend mit den ersten preußischen Gemeindereformen ab 1808, anerkannt und fortentwickelt worden.

Ein wichtiges Instrument zur Durchsetzung der starken gemeindewirtschaftlichen Position wurde der bereits im 19. Jahrhundert ausgebildete Anschluss- und Benutzungszwang. Heute bestimmen alle Gemeindeordnungen, dass aus Gründen des Gemeinwohls der Anschluss an öffentliche Einrichtungen in Satzungen zur Pflicht gemacht werden kann. Dabei werden Wasser und Abwasser ausdrücklich genannt. Die Begründung der Gemeindeordnung von 1935 verweist noch einmal auf die Hygiene bei der Bereitstellung einer »den gesundheitlichen Erfordernissen dienenden Einrichtung«, die nur »bei Beteiligung aller Einwohner« möglich sei. (Dass diese Fortschreibung aus der

Zeit des Nationalsozialismus stammt, hat die Fehleinschätzung genährt, mit der weiteren Fortgeltung sei das Erbe eines totalitären Staates angetreten worden.)

Aus Sicht des Gemeinderechts ist eher der Umstand problematisch, dass die Gemeinde die Leistung mit ihrer Wasserversorgungs- oder Abwasseranlage nicht selber erbringen muss, sondern per Vertrag auch auf einen in der Regel privaten Konzessionär übertragen kann. Die gemischtwirtschaftlichen, das heißt teils öffentlichen, teils privaten Betriebe folgen ebenfalls nicht der ursprünglichen gemeinwirtschaftlichen Intention. Sie waren jedoch in vielen Regionen schon früh weit verbreitet. Eine Abweichung vom strengen Prinzip lässt sich weiterhin darin sehen, dass sich die Verwaltung mit den öffentlichen Betrieben auch der privatrechtlichen Betriebsformen bedienen kann. Das Recht auf gemeindliche Selbstverwaltung lässt alle diese Wahlfreiheiten zu und bietet ein immer häufiger genutztes Einfallstor für die privatwirtschaftliche Besetzung der Daseinsvorsorge.

Die Vielfalt der Organisations- und Erscheinungsformen erschwert eine zusammenfassende Bewertung, ob sich dieses System in der Wasserversorgung als die vermutlich beste Form der Aufgabenbewältigung und Anpassung an sich verändernde Bedingungen bewährt hat. Das an einschlägigen Schlüsselzahlen ablesbare Ergebnis bestätigt diese Annahme im Grundsatz, lässt aber die Frage nach Optimierungsmöglichkeiten offen. Ebenso lässt sich von vornherein keine bündige Antwort finden, ob die rechtlichen und tatsächlichen Kontrollmöglichkeiten über die gemeinwirtschaftlichen Betriebe mit den Interessen der BürgerInnen in Einklang stehen – wobei offen bleiben muss, wer diese Interessen formuliert und wer sie auf welche Weise an die richtigen Adressaten bringen kann.

Die heutige Struktur

Gemessen an dem individuellen Wasserverbrauch hat sich in den letzten hundert Jahren nicht viel geändert. Tagesmengen von 120 bis 140 Litern pro Person waren in den wachsenden Städten des ausgehenden 19. Jahrhunderts die Regel. Das war auch hundert Jahre später so, bis ein kontinuierlicher leichter Rückgang des Verbrauchs einsetzte (1990: 6,77 Mio. m³, 2000: 5,46 Mio. m³, 2009: 5,02 Mio. m³). Das hat gebietsweise schon zu Schließungen von Wasserwerken geführt.

Deren schiere Zahl ist ohnehin stark geschrumpft (s. Tab. 1). Technisierung bedeutet in der Regel auch Zentralisierung mit der Bildung größerer Einheiten, deren spezifische Betriebskosten meist geringer sind. Technisierung kann die damit mögliche Erschließung ergiebigerer Grundwasservorkommen, die Zusammenfassung vieler kleiner zu weniger, aber größeren Transportleitungen bedeuten. Nicht selten lag und liegt die Aufgabe von Wasserwerken auch an der Erschöpfung von Grundwasservorkommen und/oder deren übermäßiger Verschmutzung, teils in Industriegebieten, teils im Bereich der Intensivlandwirtschaft (Weinbau, Gartenbau, später industrielle Viehhaltung wie in Niedersachsen mit hohem Eintrag von Nitrat und Pestiziden).

Viele kleinere Gemeindewasserwerke wurden nach dem Zweiten Weltkrieg aufgegeben, als sich die Idee von Fernwasserversorgungen vor allem in Bayern und Baden-Württemberg durchsetzte. Diese Projekte wurden nicht nur mit dem gezielten Einsatz von Fördermitteln, sondern auch mit politischem Druck befördert. Ein weiterer Grund waren die Gemeindereformen, die größere Verwaltungseinheiten in ländlichen Regionen schufen und auch bei Wasser und Abwasser den alten Gedanken der »Vereinheitlichung« aufleben ließen. Nicht zuletzt waren die Ausdehnungen größerer Versorger in das Umland mit der Schließung kleinerer Wasserwerke verbunden. Das galt z.B. für die Expansionspolitik der lange Zeit überwiegend privaten Gelsenwasser AG, aber auch für größere kommunale Unternehmen.

In den neuen Bundesländern lag die Reduzierung zudem an der Aufgabe maroder Werke, deren Erneuerung nicht mehr lohnend erschien, gebietsweise am wegen der Entindustrialisierung und der immer noch anhaltenden Abwanderung gesunkenen Verbrauch, zu dem sich ein deutlich niedrigerer Individualverbrauch als in Westdeutschland gesellte. Das machte viele vor allem kleinere Wasserwerke überflüssig. Auch die Anpassung an EU-Qualitätsnormen hatte die Aufgabe einer ganzen Reihe von Werken mit zu stark belastetem Rohwasser zur Folge.

Tabelle 1: Öffentliche Wasserversorger und Wassergewinnung nach Wasserarten

	1991	1995	1998	2001	2004	2007
Unternehmen (Anzahl)	6.953	6.655	6.709	6.560	6.383	6.211
darunter mit Eigengewinnung			5.477	5.260	5.043	4.833
Wassergewinnung insgesamt (Mio. m³)	6.516	5.810	5.557	5.409	5.372	5.128
Grund- und Quellwasser (Mio. m³)	4.693	4.224	4.103	4.011	3.952	3.581
Uferfiltrat (Mio. m³)	393	304	268	280	284	410
Oberflächenwasser* (Mio. m³)	1.430	1.282	1.871	1.118	1134	1.137

* See- bzw. Talsperrenwasser, Flusswasser sowie angereichertes Grundwasser und Uferfiltrat
Quelle: Statistisches Bundesamt

Bayern liegt mit 2.348 Wasserversorgungsunternehmen weit vorn, gefolgt von Baden-Württemberg mit 1.347. Das bevölkerungsreichste Land, Nordrhein-Westfalen, hat wegen des beschriebenen Industrialisierungs- und Konzentrationsprozesses dagegen nur 561, wenig mehr als das viel kleinere, vorwiegend dörflich-kleinstädtische Schleswig-Holstein.

Tab. 1 zeigt, dass nicht alle Wasserversorgungsunternehmen ihr Wasser selber fördern, sondern Fremdbezug praktizieren, also so genannte Weiterverteiler sind. Von den 12.263 Gemeinden in Deutschland sind 12.237, also 99,9%, an die öffentliche Wasserversorgung angeschlossen. Beim Abwasser sind es 11.761, das heißt rund 96% – jeweils der Stand von 2007.

Die Wasservorkommen sind allerdings sehr unterschiedlich verteilt. Die ostdeutschen Bundesländer zeigen neuerdings immer wieder längere Wassermangelzeiten, in den süddeutschen Karstgebieten ist die relative Wasserknappheit schon geologisch bedingt. Ohne die aufwendige und teure technische Vermittlung zwischen wasserreichen und wasserarmen Gebieten, die so nur ein Industrieland leisten kann, wäre eine durchgängig ausreichende Versorgung nicht überall möglich.

Die heutige Struktur

Tabelle 2: Wasserabgabe der öffentlichen Wasserversorgung

	1991	1995	1998	2001	2004	2007
Gesamt (Liter/Einwohner/Tag)	200	173	164	160	158	153
Haushalte/Kleingewerbe (Liter/Einwohner/Tag)	144	132	129	127	126	122
Eigenverbrauch (Mio. m³)	143	124	132	134	146	150
Wasserverluste** (Mio. m³)	758	711	600	529	495	462

**Tatsächliche (z.B. Rohrbrüche) und scheinbare (Messfehler) Verluste, statistische Differenzen
Quelle: Statistisches Bundesamt

Der frühere Bundesverband der deutschen Gas- und Wasserwirtschaft (BGW, seit Eingliederung der Stromerzeuger im Herbst 2007 der Nachfolger BDEW) sprach und spricht dagegen undifferenziert davon, Deutschland sei ein wasserreiches Land und Wassersparen deshalb Unsinn (Originalton: »Wir leben doch nicht in der Sahelzone!«). Die Argumentation gegen einen bewusst sparsamen Umgang mit Trinkwasser argumentiert zum Teil zutreffend mit aufkommenden Hygiene- und Spülungsproblemen, zum Teil mit unzutreffenden Verallgemeinerungen.

Der BDEW verhält sich als reiner Wirtschaftsverband, wenn er wie die Berliner Wasserbetriebe zum Mehrverbrauch (zum Beispiel durch fröhliches Duschen) unter dem Stichwort »aktive Wassernutzung« auffordert. Dabei ist dem Verband klar, dass er gegen die – aus den vergangenen Zeiten einer Umweltprofilierung der Wasserversorgung überkommene – positive Besetzung des Wassersparens vorgehen muss, angefangen von den Medien bis zu den Schulen. Die Absicht, die Wasserrechnungen mehr mit fixen Grundpreisen und weniger mit verbrauchsabhängigen Arbeitspreisen zu gestalten, zielt ebenfalls auf Umsatzsicherung. Das Argument, der Verbrauchsrückgang zwinge zur Umlagerung der vermeintlich steigenden Fixkosten, unterschlägt, dass Mehrverbrauch wiederum eine Erhöhung der variablen Kosten bedeutet.

5. Privatisierung der Wasser- versorgung – eine globale Bilanz

Ähnlich wie in Deutschland werden in der ganzen Welt die Versorgung mit Wasser und die Entsorgung des Wassers von öffentlichen Einrichtungen betrieben. Im Jahr 2006 waren rund 90% der Versorgung in den 400 größten Städten der Welt öffentlich (Hall/Lobina 2010). Doch im Zuge der globalen Privatisierungswelle seit den 1980er Jahren blieb auch die Wasserversorgung nicht verschont (s. Tab. 3 auf S. 49). In Entwicklungsländern erreichte laut Weltbank die Welle 2007 ihren Höhepunkt mit rund 80 Projekten und fällt seitdem stark ab, 2010 waren es nur noch 25. Den höchsten Wert in US-$ gab es sogar schon 1997 (s. Abb. 1 auf S. 48). Durch diese Privatisierungen wurden 2009 schätzungsweise 270 Mio. Menschen von (teil-)privaten Unternehmen versorgt.

Wasserkonzerne, Weltwasserrat und Weltwasserforum

Unter den Firmen, die die Wasserversorgung von der öffentlichen Hand übernehmen, finden sich kleinere, doch das größte Geschäft machen einige wenige multinationale Großkonzerne (für die wichtigsten s. Tab. 4 auf S. 50). Sie sind in Dutzenden von Ländern aktiv und versuchen mit allen Mitteln, sich global immer weiter auszubreiten und mit Wasser soviel Profit wie möglich zu machen. Neben den schon erwähnten Firmen, die mit Flaschenwasser Geld verdienen (s. Kap. 2), gibt es andere, die versuchen, die Wasserversorgung oder Abwasserentsorgung zu übernehmen. Hier sind zwei französische Konzerne global führend: Veolia und GDF Suez.

Beide sind aus der traditionell stark privatisierten *französischen Wasserwirtschaft* hervorgegangen. Veolia geht zurück auf die 1853 gegründete Compagnie Générale des Eaux, die 1998 in Vivendi umbenannt wurde. Nachdem Vivendi 2002 beinahe pleite war, wurde Veolia als eigenständiges Unternehmen daraus herausgelöst und ist seit 2006 ganz unabhängig. GDF Suez hat eine

Abbildung 1: Investitionen in Wasser-Privatisierungsprojekte in Entwicklungs-/Schwellenländern

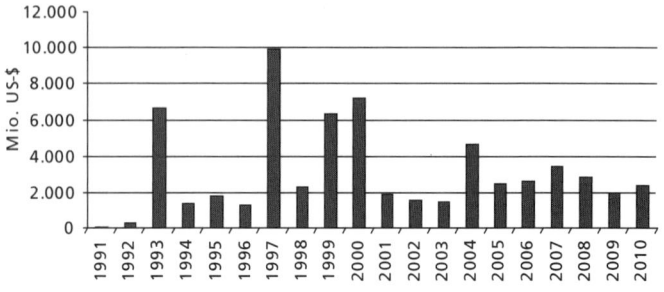

Quelle: Weltbank

ähnliche Geschichte, der Konzern geht zurück auf die 1858 gegründete Gesellschaft Compagnie universelle du canal maritime de Suez, die später zur Compagnie Suez wurde. Diese fusionierte 1997 mit der Wasserfirma Lyonnaise des Eaux und 2006 mit dem Gasriesen Gas de France, woher der heutige Name GDF Suez rührt. Auch ein drittes französisches Unternehmen, Saur (Société d'Aménagement Urbain et Rural) besteht schon seit 1933 und ist heute weltweit aktiv. Alle drei Multis sind Mischkonzerne mit Standbeinen im Anlagenbau und der Zulieferung von Komponenten.

In *Deutschland* hatte RWE lange die Ambition, zu den Franzosen aufzuschließen, und kaufte 1999 ein Viertel der Berliner Wasserbetriebe, 2001 das englische Unternehmen Thames Water, das im Wesentlichen London versorgt, und 2003 das US-Unternehmen American Water Works. Jedoch zog sich RWE 2006 aus England und 2009 aus den USA zurück.

Schließlich sind viele Konzerne beteiligt am Geschäft mit *Wassertechnik,* Bauteilen oder Techniken, auch für den Bau von Wasserkraftwerken. Das betrifft Firmen wie Siemens oder den US-Konzern Bechtel, der unter anderem in die Privatisierung der Wasserversorgung im bolivianischen Cochabamba involviert war.

Ein Grund für das große Engagement der Konzerne ist das profitable Geschäft mit dem Wasser. So deuten einige Quellen

Tabelle 3: (Teil-)Privatisierungen von Wasserunternehmen (Auswahl)

Zeitraum	Ort
Seit 19. Jhd.	Frankreich (heute ca. 80-90%), USA (heute ca. 30%)
1867	Barcelona (Spanien)
1989	England
Seit 1992	Malaysia (mehrere Städte, darunter Kuala Lumpur)
Seit 1992	Polen (10 Städte)
Seit 1993	Mexiko (3 Städte)
Seit 1993	Tschechische Republik (24 Städte, darunter Prag 2001)
1993-2006	Buenos Aires (Argentinien)
1993-heute	Manila (Philippinen)
Seit 1994	Ungarn (8 Städte, darunter Budapest)
Seit 1995	Brasilien (65 Städte)
Seit 1996	Kolumbien (43 Städte)
Seit 1996	Südafrika (mehrere Städte, darunter Johannesburg 2001-2006)
1997/1999	La Paz und Cochabamba (Bolivien)
Seit 1997	Marokko (4 Städte)
Seit 1997	Gabun
1998-heute	Jakarta (Indonesien)
1998-heute	Chile
1999-2003	Atlanta (USA)
1999-heute	Berlin (Deutschland)
2000	Sofia (Bulgarien)
2000-2005	Dar es Salaam (Tansania)
Seit 2000	Ghana
Seit 2000	Rumänien (3 Städte, darunter Bukarest)
Seit 2001	China (27 Städte, darunter Shenzen)
Seit 2005	Algerien (3 Städte, darunter Algier)
Seit 2008	Saudi-Arabien (4 Städte)

Quelle: Wikipedia, eigene Recherchen

darauf hin, dass der Anteil der Wassersparte am Gewinn des Unternehmens doppelt so hoch sein kann wie der Anteil am Umsatz des Unternehmens. RWE konnte von seiner Tochter Thames Water 2005, ein Jahr vor dem Verkauf, einen Gewinn von 346,5 Mio. Pfund abführen, eine Rendite von 9%.

Die französischen Konzerne sind nicht nur Weltmeister im Geldverdienen mit Wasser, sondern auch bei der *Lobbyarbeit* für Wasserprivatisierung. Deshalb haben sie in den 1990er Jahren

Tabelle 4: Die größten Wasserkonzerne – Kennzahlen 2010

	Umsatz (Mrd. €)	Mitarbeiter	Mit Trinkwasser versorgte Menschen (Mio.)	Aktiv in Ländern
Veolia Environnement (nur Wasser)	12,1	96.260	100	67
Suez Environnement (nur Wasser)	8,0	79.500 (inkl. Abfall)	91	24
Saur	1,6	13.000	12	6
Nestlé Water	6,6	31.602	–	36
Coca-Cola	26,2	139.600		200

Quelle: Geschäftsberichte

eine Institution namens Weltwasserrat (World Water Council) ins Leben gerufen. Dieser soll sich mit den Wasserproblemen der Welt auseinandersetzten – und dabei geflissentlich die segensreiche Rolle der Privaten herausstellen. Der Weltwasserrat hat seinen Sitz in Marseille und wird zurzeit von Loïc Fauchon geleitet, dem Chef der Groupe des Eaux de Marseille, die im Wesentlichen zu Veolia und Suez gehört. Auch auf EU-Ebene hat insbesondere Veolia ein weitverzweigtes Lobby-Netzwerk aufgebaut, wie die Organisation Corporate Europe Observatory nachgewiesen hat. Mit diesem Netzwerk beeinflusst Veolia die Gesetzgebung zu ihren Gunsten.

Der Weltwasserrat veranstaltet als sichtbarsten Ausdruck seiner Agenda das *Weltwasserforum* (World Water Forum). Dort versammelt er im Drei-Jahres-Rhythmus neben den Vertretern der Wasserfirmen Wasserexperten aus der ganzen Welt, aber auch zunehmend Regierungsvertreter bis hin zu den Fachorganisationen der Vereinten Nationen. Das Forum fand bisher fünfmal statt: 1997 in Marrakesch, 2000 in Den Haag, 2003 in Kyoto, 2006 in Mexiko City und 2009 in Istanbul. Vom 12.-17. März 2012 findet das sechste Weltwasserforum in Marseille statt – der Heimat des Weltwasserrats. Zehntausende nehmen inzwischen an dem Forum teil. Allerdings wuchs auch der Widerstand gegen das Forum. Zum Forum in Marseille gibt es deshalb auch ein alternatives Weltwasserforum (FAME) vom 14.-17. März 2012.

Politische Akteure: global, national, lokal

Für die Privatisierung des Wassers lässt sich insgesamt nicht einfach eine einzige zentrale Triebkraft benennen. Eine ganze Reihe von Gesetzen und Akteuren spielt eine Rolle.

Die *Weltbank* finanziert für Entwicklungsländer schon lange Wasserprojekte. Ein bis eineinhalb Mrd. US-$ gab die Weltbank zwischen 1996 und 2005 im Schnitt dafür aus. Daneben beriet die Weltbank die Länder aber auch intensiv, wie sie das Geld verwenden und wie sie ihre Wasserversorgung organisieren sollten. Dabei war seit den 1980er Jahren die Privatisierung staatlicher Betriebe Teil der Standardempfehlung (»Washington Consensus«). Auch die zweite wichtige globale Finanzinstitution, der *Internationale Währungsfonds* (IWF) empfahl Privatisierungen, wenn Staaten um Kredite baten.

Dabei war diese Empfehlung im Wesentlichen auf die ökonomische Überzeugung gegründet, dass der Staat möglichst klein sein, nicht in die Wirtschaft eingreifen und also möglichst alle Dienstleistungen von Privaten erledigen lassen sollte. In einigen Fällen hatte die öffentliche Versorgung mit ihrer unzureichenden Leistung auch Anlass dafür gegeben, über Alternativen nachzudenken oder zumindest das bestehende Modell zu verbessern. Für Weltbank und IWF gab es aber lange Zeit nur die Privatisierung als Lösung für solche Probleme.

Inzwischen haben sich die Vorzeigeprojekte der Weltbank aber reihenweise als mehr oder minder große Enttäuschung herausgestellt oder gar komplett versagt (s. dazu unten). 2005 erkannte die Weltbank dann sogar einmal in einem Bericht zu Südamerika an, dass die Zurückdrängung des öffentlichen Sektors sich als Fehler erwiesen hat. Dennoch ist sie auch heute noch privatisierungsfreundlich gestimmt und gab im Oktober 2011 Kooperationen bekannt: mit Coca-Cola, Nestlé und Veolia.

Internationales Recht spielte lange keine Rolle für das Wasser, aber es gibt inzwischen immer mehr Anknüpfungspunkte. Ein Einfallstor ist das »Asset Management« bei der *Internationalen Normungsorganisation (ISO)*. Die aus der britischen und US-amerikanischen Bankenszene stammende Asset Management-Ideologie besagt zugespitzt, dass Anlagen nur soweit instand gehalten werden sollten, dass sie nicht zusammenbrechen, um eine möglichst hohe Rendite zu erwirtschaften. Im Extremfall werden die Anlagen auf Verschleiß gefahren.

Jetzt soll die Asset Management-Ideologie auch auf die Wasserver- und Abwasserentsorgung angewandt werden. Nachdem sich im Jahr 2009 auf der Ebene der ISO und des Europäischen Normungsverbandes abgezeichnet hatte, dass die Erarbeitung einer Asset Management-Norm nicht zu verhindern sein wird, setzten sich deutsche Wasserwerker an die Spitze der Bewegung und drückten mit Hilfe der Kollegen in Österreich und in der Schweiz einen Normentwurf durch, der den Schwerpunkt auf eine nachhaltige Bewirtschaftung der Infrastruktureinrichtungen in der Wasserver- und in der Abwasserentsorgung legte. Es wurde damit in einem ersten ISO-Entwurfsdokument klargestellt, dass diese Infrastruktureinrichtungen eben nicht mit kalkuliertem Risiko am Rande des Verschleißes gefahren werden dürfen.

Der britischen Normungslobby gelang es dann aber, eine Mehrheit für eine Asset-Management-System-Norm zu gewinnen, die alle Infrastruktureinrichtungen umfassen müsse – von der Wasserversorgung über Autobahnnetze bis hin zu Schulen. Die Wasserwerker aus Deutschland, Österreich und der Schweiz versuchten, zumindest die Wasserver- und Abwasserentsorgung aus dem Anwendungsbereich der ISO Norm (PC 251) herauszuhalten. Der Versuch, zu retten, was zu retten war, misslang. Gleichwohl leisten diese Wasserwerker in den internationalen Gremien weiterhin Widerstand, um das Schlimmste zu verhindern.

Im internationalen Handelsrecht wird die Wasserversorgung als Dienstleistung mit erfasst. Besonders das *Allgemeine Abkommen über den Handel mit Dienstleistungen (GATS)* spielt dabei eine Rolle. Es ist eine Säule der Welthandelsorganisation (WTO). Sein Ziel ist ein »stetig zunehmender Grad der Liberalisierung des Handels mit Dienstleistungen«. Dafür müssten im Extremfall öffentliche Förderungen, Sonderrechte, Monopole und Qualitätsvorschriften abgeschafft werden. Allerdings ist die Wasserversorgung bisher nicht wirklich vom GATS erfasst und momentan sieht es auch nicht danach aus, dass sich daran etwas ändern wird, weil WTO und GATS geschwächt sind.

Die *Europäische Union* spielt eine wichtige Rolle für die Frage, ob Wasser öffentlich oder privat verwaltet wird. Sie darf zwar rein formal keine Eingriffe in die Eigentumsordnungen der Mitgliedsstaaten vornehmen. Allerdings wirkt sich ihre Marktorientierung im Ergebnis genauso aus. Immer mehr Sektoren wurden so zur Erreichung eines gemeinsamen europäischen Binnenmarktes liberalisiert, was vor allem bedeutet, den privaten Unternehmen einen Zugang zu den Sektoren zu ermöglichen. Die EU will also, dass ein privater Betreiber genauso Chancen auf Betätigung hat wie ein öffentlicher, was notwendig auch auf Privatisierungen hinausläuft. Neben den großen Liberalisierungen wie bei Telekommunikation, Transport oder Energie ist eine Liberalisierung der Wasserwirtschaft zweifellos schon lange auf der Wunschliste der EU-Kommission.

Allerdings schob das Europäische Parlament solchen Bestrebungen mit einem Beschluss von 2004 bislang einen Riegel vor. Zudem wurden im Vertrag von Lissabon erstmals die Kommunen und auch die »Dienstleistungen von allgemeinem Interesse« besser geschützt. Doch jüngst mehren sich in der Kommission die Anzeichen für einen neuen Anlauf zur Liberalisierung. Ende 2009 bekräftigte Kommissions-Präsident Barroso die Absicht der Kommission, auch den Markt für Umweltdienstleistungen zu öffnen, worunter die Wasserwirtschaft fällt. Anfang 2010 äußerte Binnenmarkt-Kommissar Michel Barnier, er sehe die Konzession für eine Abwasserentsorgung eigentlich nicht als eine besondere an, die man anders behandeln müsse als die Konzession für andere Dienstleistungen.

Hinter dieser Äußerung Barniers steckt ein weiteres Mittel der Liberalisierung: die allgemeinen Regeln der EU für die Vergabe von öffentlichen Aufträgen und Konzessionen und öffentliche *Beihilfen* für Unternehmen. Diese Regeln sind in verschiedenen Richtlinien (Rahmengesetzen) und Entscheidungen festgelegt. Die Regeln waren schon Gegenstand vieler Entscheidungen des Europäischen Gerichtshofs (EuGH), der mit seiner Rechtsprechung eine nicht unwichtige Rolle für das Ausmaß der Liberalisierung spielt. Momentan ergibt sich aus Richtlinien und Rechtsprechung kein Zwang, eine öffentliche Wasserversorgung auszuschreiben, solange eine Kommune die Leistung durch ein eigenes öffentliches Unternehmen verrichten lässt. Daneben werden auch Dienstleistungen, zu denen aus Sicht der EU die Wasserwirtschaft gehört, immer wieder Gegenstand von EU-Gesetzen. Bei der allgemeinen Dienstleistungsrichtlinie von 2005 zu grenzüberschreitenden Dienstleistungen in der EU ist Wasser jedoch ausgenommen worden. Allerdings ist schon lange eine allgemeine Richtlinie für Dienstleistungskonzessionen angekündigt. Bislang ist die Kommission aber nicht über Ankündigungen hinausgekommen.

Auch wenn die Konzerne gierig und die Gesetze privatisierungsfreundlich sind, spielt die *nationale und lokale Politik* eine wichtige Rolle bei der Frage, ob und wie genau tatsächlich privatisiert wird. Zunächst spielt der lokale Finanzdruck eine wichtige Rolle. Viele Kommunen sind – durch eine falsche Steuerpolitik – in großer Finanznot. Um sich Investitionen zu ersparen, verkaufen sie ihre Betriebe, sogar wenn diese gut wirtschaften. Auch gibt es natürlich Interessen im politischen Apparat: die Aussicht auf einen gut bezahlten Posten in einem privatisierten Betrieb, Größenwahn auf Seiten von PolitikerInnen, oder auch einfach Bestechung, wie er im Fall Grenoble nachgewiesen wurde.

Folgen einer Privatisierung der Wasserversorgung

Die Versorgung mit Wasser und die Entsorgung von Abwasser ist immer eine Herausforderung, egal ob sie von der öffentlichen Hand, von Genossenschaften oder von privaten Firmen erledigt wird. Es finden sich deshalb Fälle, wo die öffentliche Hand es nicht vermochte, eine gute Wasserversorgung zu leisten. Allerdings legt es schon das in Kapitel 2 erwähnte natürliche Monopol nahe, dass eine privatwirtschaftliche Beteiligung besonders heikel ist. Insbesondere sind soziale und ökologische Belange der kapitalistischen Wirtschaftsform wesensfremd und müssen von Staat und Gesellschaft den Unternehmen auferlegt werden. Im Folgenden werden einige wichtige Folgen diskutiert.

Verlust der Transparenz: Oft werden die Verträge für die Privatisierung geheim gehalten, zumindest für die Öffentlichkeit, aber auch zum Teil für die Parlamentarier. Dies betrifft insbesondere besonders wichtige Punkte wie Preise und Gewinne. Denn so können die Privaten ihre Gewinninteressen umso rücksichtsloser verfolgen. Sie erklären die Informationen für schutzwürdig. Diese Begründung ist schon deshalb absurd, weil gar keine Konkurrenten vorhanden sind. In jedem Fall ist es zutiefst undemokratisch, wenn private Geschäftsinteressen den Interessen der Allgemeinheit gegenüber bevorzugt werden.

Verlust an demokratischer Einflussnahme: Es liegt auf der Hand, dass eine private Firma weniger demokratischen Einfluss ermöglicht als ein öffentlicher Betrieb. Eine Privatisierung kann sogar mit dem ausdrücklichen Ziel erfolgen, den Einfluss der Politik zu verringern, weil der Staat angeblich nicht wirtschaften könne. Deswegen wird den Privaten sogar dann die Betriebsführung überlassen, wenn der Staat – wie in Berlin – die Mehrheit der Anteile behält. Selbst vielen Privatisierungsbefürwortern ist klar, dass ein Privatkonzern vor allem seine Gewinninteressen verfolgt und deshalb Kontrolle nötig ist. Im Strombereich kam es deshalb – nachdem man vergeblich auf Selbstkontrolle und Konkurrenz gesetzt hatte – zur Gründung der Bundesnetzagentur. In Großbritannien gibt es drei Wasseraufsichtsbehörden. Diese Behörden müssen versuchen, die Konkurrenz zu sichern und zugleich verhindern, dass alle nachhaltigen Investitionen geopfert werden. Die Kosten für diese Behörden werden aus Steuern bezahlt.

Geschenke für Konzerne: Oftmals verkauft die öffentliche Hand ihre mit Steuergeldern über lange Zeit aufgebauten Netze und Betriebe völlig unter Wert. In England wurde bei der Privatisierung der Wasserversorgung Vermögen im geschätzten Wert von 35 Mrd. Pfund für 5,23 Mrd. Pfund verkauft. Zusätzlich erhielten dort die Konzerne stattliche 14,4 Mrd. Pfund an Steuererleichterungen, Schuldenerlass und Zuschüssen. In Berlin oder Jakarta gibt es Rendite-Garantien, was in Jakarta zu einer Rendite auf das eingesetzte Kapital von 22% führt. Die Liste von solch hohen Renditen ließe sich leicht verlängern.

Höhere Preise: Preisvergleiche, vor allem internationale, sind heikel, weil die Bedingungen und Leistungen sehr unterschiedlich sind. Dessen ungeachtet lässt sich bei den meisten Preisvergleichen sehen, dass öffentliches Wasser nicht immer billig, oft aber günstig gemessen an seiner hohen Qualität ist. In einer der größten Studien sind die Wasserpreise von Frankreich und Deutschland ungefähr gleichauf, obwohl die Leistung in Deutschland deutlich höher ist (BDEW 2010). Laut einer Untersuchung waren in Frankreich die Preise der privaten Versorger um 27% höher als die der öffentlichen. Nach Rekommunalisierungen sanken die Preise um 25-40%. Neben den Preisvergleichen lassen sich auch konkrete Erfahrungen mit Privatisierungsfällen als Indizien nehmen. In England haben sich die realen Wasserpreise nach der Privatisierung in nur sieben Jahren fast um die Hälfte erhöht. Ein krasser Fall von Preissteigerung findet sich in der bolivianischen Stadt Cochabamba. Dort erhöhte ein privates Konsortium die Preise um bis zu 300%. Auch in Dar es Salaam (Tansania) wurden die Preise nach der Privatisierung deutlich angezogen. In Manila wurden die Preise vier- bis fünfmal so stark erhöht wie versprochen. Und in Buenos Aires wurden die Preise in neun Jahren um 88,2% erhöht.

Gefährdete Investitionen: Grundsätzlich wird ein privater Konzern immer nur soviel investieren wie unbedingt nötig. Solange er weiß oder annimmt, dass Schäden an Leitungen erst zum Tragen kommen, wenn er nicht mehr der Betreiber ist, wird er die Investition unterlassen. Er wird auch deshalb keinen besonders starken Anreiz haben, die BürgerInnen mit Investitionen zufriedenzustellen, weil diese ohnehin keine Wahl haben. Deshalb wird in der Regel versucht, über die Verträge oder per Gesetz Investitionen vorzuschreiben und zu kontrollieren. Zwar gibt es in einigen Fällen durchaus Investitionen und eine Reduktion der Wasserverluste (Marin 2009), doch gehen die vor allem auf öffentliche Förderungen und Kontrollen zurück. Denn wo immer möglich, drücken sich die Konzerne um Investitionen und müssen dann von der Regulierungsbehörde bestraft werden – so wie Thames Water, die frühere Tochter von RWE. Auch in der argentinischen Hauptstadt Buenos Aires waren fehlende Investitionen ein Dauerstreitpunkt. Als dann schließlich die Privaten sich zurückzogen, stiegen die Investitionen wieder deutlich an. Dasselbe Problem gab es in Manila: dort wurden von den sieben Mrd. US-$, die innerhalb von 18 Jahren versprochen waren, in den ersten acht Jahren gerade einmal 112 Mio. investiert. Langfristig lässt sich in Frankreich ein Wasserverlust im Rohrnetz von 26% des eingespeisten Wassers messen – in Deutschland sind es nur 7%.

Weniger Rücksichtnahme auf soziale Ziele und Zugang zu Wasser: Das Aufgeben des politischen Einflusses erschwert die Verfolgung von sozialen Zielen. So stellen zwar auch öffentliche Versorger im äußersten Fall die Versorgung ein, doch geschieht dies bei privaten mit viel größerer Rücksichtslosigkeit. In England wurden nach der Privatisierung so viele Anschlüsse wegen Zahlungsunfähigkeit gesperrt – 23.670 im Jahr 1991 –, dass die Regierung 2001 ein gesetzliches Verbot erließ. Häufig gab es bei den Privatisierungen große Versprechungen, dass der Zugang für die ärmere Bevölkerung verbessert werden würde. Manchmal hat sich die Situation zwar auch verbessert, doch selbst die wenigen Positivbeispiele, wie der Senegal, sind umstritten. Die großen bei Vertragsabschluss gemachten Versprechungen wurden jedenfalls oft nicht eingehalten, und manchmal scheiterten die Privaten auch völlig, so wie in einem Teil von Manila. In Buenos Aires führte dies zu heftigen Auseinandersetzungen und Neuverhandlungen. Auch in Dar es Salaam wurde die Situation nicht besser.

Verschlechterung der Wasserqualität: Natürlich müssen sich auch private Versorger an die allgemein gültigen Vorgaben für Wasserqualität halten. Es gibt auch Beispiele, wo nach einer Privatisierung die Wasserqualität besser wurde. Allerdings ist das geringere Interesse eines Privatkonzerns an (ökologischen) Investitionen der Wasserqualität langfristig nicht förderlich. Privatkonzerne reizen die Verschmutzung mit Schadstoffen eher aus als öffentliche Versorger und neigen dazu, günstigere Reinigungsmethoden wie Chlorung einzusetzen. Dagegen wehren sie alle Kosten ab, die einen tiefer gehenden Schutz des Wassers beinhalten, wie Trinkwasserschutzgebiete. In Frankreich setzten die Konzerne vor Gericht durch, nicht für den Gewässerschutz verantwortlich zu sein. In Städten mit öffentlichen Versorgern wie München oder Hamburg dagegen betreiben die Stadtwerke in den Quellgebieten ökologischen Landbau. Da verwundert es nicht, wenn Frankreich im jüngsten Bericht der EU zur Umsetzung der Richtlinie zu Abwasserreinigung deutlich schlechter abschneidet als öffentlich versorgte Länder wie Deutschland, Österreich oder die Niederlande. Während in diesen Staaten fast 100% des Abwassers auf höchster Stufe gereinigt werden, sind es in Frankreich effektiv gerade einmal 50% (European Commission 2011). In Jakarta war das Wasser auch nach zwölf Jahren Privatisierung ohne Abkochen noch untrinkbar.

Arbeitsplatzabbau: Arbeitsplatzabbau gehört zu den deutlichsten Folgen von Privatisierung und mitunter sogar zu einem der erklärten Ziele. Aber so sehr ein effizienter Betrieb auch von öffentlichen Versorgern angestrebt werden sollte, so offensichtlich werden mit Entlassungen nur kurzfristige Gewinne maximiert, die auf Kosten der Nachhaltigkeit gehen.

Finanzielle Risiken für die öffentliche Hand: Typischerweise erfolgt eine Privatisierung so, dass sich der Private gegen soviel Haftung wie nur möglich wehrt – oder sie ggf. nicht gewähren kann –, während er die öffentliche Hand maximal haftbar machen möchte. Der klassische Fall ist die Insolvenz des Privaten. Die öffentliche Hand darf dann am Ende doch wieder die Ver- und Entsorgung sicherstellen, weil sie nun einmal unverzichtbar sind. Umgekehrt wurden viele Staaten oder Gemeinden, die Verträge wegen schlechter Leistungen vorzeitig beendet hatten, von den Privaten auf Schadensersatz verklagt. Nur einige Beispiele für solche Schadensersatzforderungen: in Tansania 25 Mio. US-$, in Manila 300 Mio. US-$, in Buenos Aires 1,7 Mrd. US-$. Am perfidesten dabei ist, dass die Privaten auf Auszahlung sämtlicher Gewinne pochen, die sie bei voller Vertragslaufzeit gemacht hätten. Das erschwert nicht nur Rückkäufe, es ist auch absurd, weil in der Regel die kompletten Investitionen noch nicht gemacht wurden, und rechtlich fragwürdig, wenn die Leistung der Privaten ungenügend war. Wenn man dann noch bedenkt, dass die Privaten ihren Kaufpreis vielleicht längst durch die schon angefallenen Gewinne zurückbekommen haben, wird die Gelddruckmaschine Wasser offenbar.

6. Liberalisierung und Privatisierung der deutschen Wasserwirtschaft

Die deutsche Wasserwirtschaft ist mit sich meist zufrieden und die Kunden sehen das ähnlich. Das BDEW-Kundenbarometer 2009 ergab 91,1% Zufriedenheit mit der Trinkwasserqualität und 80,2% Zufriedenheit mit dem Service. Eine jährlich wiederholte Umfrage des Verbands kommunaler Unternehmen (VKU), in dem rund 1.400 Kommunalbetriebe vertreten sind, richtete sich auf die Unternehmen selbst. Zufrieden oder sehr zufrieden mit ihnen waren am Jahresanfang 2011 71,4%. Da die Wasserversorger in der Regel besser abschneiden als die auch im VKU (und den Umfragen) vertretene Entsorgungswirtschaft, kann das Ergebnis befriedigen.

Die Zufriedenheit wäre wohl noch höher, wenn nicht viele Kunden die Wasserpreise überschätzen würden. Im Durchschnitt der größeren deutschen Städte bezahlte eine Person im Jahre 2007 bei einem Tagesverbrauch von 125 Litern im Jahr 151 Euro einschließlich der unterschiedlich hohen (Zähler-) Grundgebühren, die eine Spanne zwischen 1,64 Euro und 13 Euro pro Monat aufwiesen (Spiegel 2007). Der monatliche Anteil für Trinkwasser, gemessen am ausgabefähigen Einkommen (2006) der Haushalte, betrug 0,25%.

Der gemischte Preis für 1.000 Liter (1 m³) beläuft sich also auf rund 3 Euro. In der VKU-Trinkwasserstudie von 2010 gaben immerhin 15,5% der Befragten einen Preis zwischen 2 und 3 Euro (ohne Grundgebühren) an, 12,7% schätzten zwischen 3 Euro und 5 Euro, 10,4% zwischen 5 Euro bis unter 10 Euro und 3,5% meinten, sie würden mehr als 10 Euro aufwenden müssen. Am bemerkenswertesten ist allerdings, dass 38,9% keine Angabe zum jeweiligen Preis machen konnten.

Daher drängen sich zumindest zwei Schlüsse auf: Die Wasserpreise (und Abwassergebühren) werden schlecht vermittelt, was Unternehmen und Vermieter trifft. Sie werden wohl nur von jenen kritisch betrachtet, die den Preis stark überschätzen. Medial wird seit 20 Jahren allerdings so getan, als seien die deutschen Wasserpreise ein Skandal und die Bevölkerung deswegen in Wallung. In jedem Jahr veröffentlichte die National Utility Services (NUS) einen europäischen Wasserpreisvergleich, in dem Deutschland meist an der Spitze stand. In jedem Jahr wurde ihr ohne bleibenden Erfolg vorgehalten, der reine Preisvergleich übersehe gezielt die unterschiedlichen preiswirksamen Bestandteile in den jeweiligen Ländern.

Die BDEW/VEWA-Vergleichsstudie von 2006 mit Deutschland, England/Wales, Frankreich und Italien berücksichtigt Leistungs- und Qualitätsstandards und stellt fest, dass bei den Investitionen pro Kubikmeter Wasser in Deutschland 0,54 Euro jährlich aufgebracht werden, in England/Wales 0,53 Euro, in Frankreich 0,33 Euro und in Italien 0,15 Euro. Beim Abwasser lag Deutschland mit 1,27 Euro/m³ sehr deutlich an der Spitze. Wobei anzumerken ist, dass die privaten englischen Wasserversorger von der Regulierungsbehörde Ofwat erhebliche Auflagen für nachzuholende Investitionen erhalten hatten.

Insgesamt investierte die öffentliche Wasserversorgung in Deutschland von 1990 bis 2009 rund 48 Mrd. Euro in Wassergewinnung, Aufbereitung und Speicherung, in Wassertransport- und Wasserverteilungsanlagen sowie für Zähler und Messgeräte. Ein wichtiger Qualitäts- und Nachhaltigkeitsindikator sind Netzerneuerung und Netzpflege, deren Aufwand sich in den *Wasserverlusten* spiegelt. Diese betrugen im Stichjahr in Deutschland 7 %, in England/Wales 19 %, in Frankreich 26 % und in Italien 29 %.

Werden die Zuschüsse zum Wasser eingerechnet, betrugen sie in Deutschland bezogen auf die Einnahmen aus den Haushalten 1,9 %, in Frankreich 6,2 %, in England/Wales 7,8 % und in Italien 10,4 %. Auf der Abwasserseite sind die Unterschiede viel krasser. Werden weiter Qualitätsparameter wie Netzerneuerungsrate und Anschlussgrad an die Versorgung einbezogen, so ergibt sich nach dieser Studie auf der dritten Vergleichsstufe in Deutschland mit 84 Euro pro Jahr eine deutlich niedrigere Belastung als in England/Wales und Frankreich mit jeweils 106 Euro. Für Italien ließ die Datenqualität keine Aussage zu.

Unternehmensformen, Preise und Gebühren

Auch wenn die Wasserversorgung Teil der Daseinsvorsorge ist, muss sie bezahlt werden. Die Wasserrahmenrichtlinie der EU von 2000 (Richtlinie 2000/60/EG) fordert in Art. 9 ausdrücklich die Einführung kostendeckender Preise bis zum Jahr 2010 – was in Deutschland selbstverständlich ist. Zudem will sie die Geltung des Verursacherprinzips zur angemessenen Kostendeckung des Wasserverbrauchs bei den einzelnen Nutzergruppen durchsetzen.

Den Grundsatz der Kostendeckung für die Wasserwirtschaft enthalten sämtliche Gemeindeordnungen der Bundesländer, bei Eigenbetrieben auch eine angemessene Verzinsung des eingesetzten Kapitals. Wesentliche Unterschiede entstehen durch die Wahl der Organisationsform, entweder eine öffentlich-rechtliche, wie beispielsweise eine Anstalt öffentlichen Rechts, ein Regiebetrieb, ein Eigenbetrieb oder ein Zweckverband, oder eine privatrechtliche Organisationsform, nämlich eine GmbH oder eine Aktiengesellschaft.

Eine Anstalt öffentlichen Rechts ist eine mit Sach- und Personalmitteln ausgestattete Institution zur Erfüllung gesetzlich zugewiesener Aufgaben. Sie ist rechtsfähig und kann als Dienstherr auftreten. Regiebetriebe sind als rechtlich und organisatorisch unselbstständige Anstalten ö.R. unmittelbar Teil der Verwaltung. Sie sind als Sondervermögen Teil des Gemeindehaushalts ohne eigenes Rechnungswesen mit begrenztem Kreditspielraum. Regiebetriebe besitzen keine eigenen Organe. Heute sind Regiebetriebe in der Regel auf kleinere Kommunalaufgaben begrenzt.

Der Eigenbetrieb ist ebenfalls gemeindliches Sondervermögen ohne eigene Rechtspersönlichkeit. Er ist jedoch finanziell und organisatorisch aus der Verwaltung ausgegliedert und arbeitet mit eigenen Wirtschaftsplänen. Die Kundenbeziehungen können öffentlich-rechtlich oder privatrechtlich gestaltet werden. Eigenbetriebe sollen eine gewisse Eigenständigkeit besitzen und haben deshalb eine Betriebs-(Werks-)Leitung, die einem eigens bestellten Werksausschuss verantwortlich ist. Grundsätzliche Entscheidungen treffen der Gemeinderat und der Bürgermeister.

Die Gesellschaft mit beschränkter Haftung (GmbH) ist eine juristische Person des Privatrechts und wird nach den Regeln des

Handelsgesetzbuchs geführt. Bei mehr als 500 Mitarbeitern muss ein Aufsichtsrat bestellt werden. Als Kapitalgesellschaft ist die GmbH körperschaftssteuerpflichtig. Die Aktiengesellschaft ist ebenfalls eine Kapitalgesellschaft, die aus Vorstand, Aufsichtsrat und Hauptversammlung zusammengesetzt ist und von den privatrechtlichen Formen die größte Selbstständigkeit aufweist.

Sieben Bundesländer haben in ihren Gemeindeordnungen in jüngerer Zeit festgelegt, dass ihre Kommunalbetriebe, sogar Aktiengesellschaften, in Anstalten öffentlichen Rechts umgewandelt werden und kommunale Anstalten öffentlichen Rechts geschaffen werden können. Insgesamt lassen sich kommunale (Pflicht-)Aufgaben also in einer ganzen Reihe von Organisationsformen wahrnehmen.

Die Wahl der jeweiligen Form kann sehr unterschiedlichen Überlegungen folgen. Dabei kann der Wunsch nach einer starken (partei-)politischen Kontrolle eine Rolle spielen, darüber hinaus Überlegungen zur Überschreitung der Gemeindegrenzen. Außer in Fällen horizontaler Kooperation zwischen öffentlich-rechtlichen Gemeindebetrieben bedarf es der privaten Rechtsform, um alleine oder mit Privatfirmen jenseits der Gemeindegrenzen tätig zu werden. Weitere Gründe können geplante Erweiterungen des Geschäftsfeldes, z.B. durch Gründung von Tochtergesellschaften, oder die beabsichtigte Verbindung mit privatwirtschaftlichen Unternehmen sein, sei es für die Betriebsführung oder für materielle Beteiligungen.

Unter den Wasserversorgungsbetrieben im BGW/BDEW ergab sich hinsichtlich der Rechtsform folgende Verteilung:

Tabelle 5: Organisation der deutschen Wasserversorgung (in %)

	1995	2000	2009
Regiebetrieb	4,2	1,3	3,0
Eigenbetrieb	51,5	36,7	35,0
Zweckverband	16,9	16,5	18,0
Wasser- und Bodenverband	3,9	3,9	4,0
Private Rechtsformen	23,5	41,6	40,0

Quelle : BGW/BDEW-Wasserstatistik

Die Tendenz zu privaten Rechtsformen ist eindeutig, während die Eigenbetriebsform stark rückläufig ist. Bei kleineren, nicht im BDEW organisierten Kommunalbetrieben mag der Regiebetrieb häufiger vorkommen.

Einige PrivatisierungskritikerInnen sehen bereits in der privatrechtlichen Form eines kommunalen Unternehmens eine Variante der Privatisierung. Formal ist das zutreffend, inhaltlich muss es nicht so sein. Die privatrechtlichen Formen sind nicht erst seit dem Anpassungs- und Privatisierungsdruck in den letzten 20 Jahren entstanden, sondern folgten vielfach dem praktischen Grund größerer Manövrierfähigkeit und Anpassungsfähigkeit. Das ist auch heute noch der Fall, wobei einige der oben genannten zusätzlichen Motive nicht übersehen werden dürfen. Im Übrigen kann eine GmbH bei entsprechendem Willen an der kurzen Leine geführt werden.

Eine Rückkehr beispielsweise zum Eigenbetrieb würde allerdings die Frage aufwerfen, ob die »modernisierten« Kommunalverwaltungen mit solcherart »rückgegliederten« Wasserversorgern noch sinnvoll umgehen könnten. Die Annahme »Verwaltungskontrolle gleich demokratische Kontrolle gleich bessere Vertretung des Bürgerwillens« kann sich in solchen Fällen und generell als Trugschluss erweisen.

Zurück zu Preisen und Gebühren. Die Abwasserentsorgung als gemeindliche Pflichtaufgabe hat hoheitlichen Charakter und ist deshalb öffentlich-rechtlich (satzungsmäßig) organisiert. Darum sind die Entgelte *Gebühren* und bleiben steuerfrei. Öffentlich-rechtliche Betriebe können allerdings auch nach Einführung einer Satzung und bei Zugrundelegung der Verordnung über Allgemeine Bedingungen für die Versorgung mit Wasser (AVB-WasserV) (privatrechtliche) *Preise* wählen. Die Wasserversorgung hingegen ist zwar gemeindliche Pflichtaufgabe in dem Sinne, dass die Gemeinde letztlich dafür gerade stehen muss. Wie sie das macht, bleibt ihr allerdings überlassen, weil ihr Art. 28 Abs. 2 des Grundgesetzes das Recht auf Kompetenz- und Aufgabenbegründung – übrigens auch gegenüber der Privatwirtschaft – einräumt. Erfolgt die Lieferung auf privatrechtlicher (vertraglicher) Grundlage, sind die Entgelte *Preise*. Bei öffentlich-rechtlicher

Betriebsform handelt es sich wiederum, wie beim Abwasser, um Gebühren. Dies hat aktuelle Bedeutung bei Kartellverfahren.

Für Wasser gilt der ermäßigte Umsatzsteuersatz von 7%. Einer der ersten Vorstöße in Richtung Liberalisierung der Wasserwirtschaft war die auch vom BGW/BDEW getragene Forderung, Wasser und Abwasser steuerlich gleichzustellen. Die Begründung war, dass private Firmen, die auf Konzessionsbasis die Abwasserentsorgung betreiben, nicht auf Grund ihrer (vollen) Umsatzsteuerpflicht benachteiligt werden dürften.

Die Steuerpflicht auf Abwasser hätte die Eingliederung der hoheitlichen Aufgabe in privatrechtlich geführte Stadtwerke und damit deren leichtere Verkäuflichkeit oder private Beteiligungen begünstigt. Deshalb folgerte der (fast ausschließlich privatwirtschaftliche) Bundesverband der deutschen Entsorgungswirtschaft (BDE), die steuerliche Gleichstellung sei »der Schlüssel« zur Privatisierung der kommunalen Wasserwirtschaft. Dies ist übrigens eines der seltenen Beispiele, wo der sonst von Privatisierungsfreunden eher heruntergespielte Zusammenhang von Liberalisierung und Privatisierung deutlich ausgesprochen wurde.

Auch von Teilen der Kommunalwirtschaft, die in Sachen »Effizienzsteigerung« schon in den 1990er Jahren neoliberale Denkmuster aufgegriffen hatte, wurden und werden angebliche wirtschaftliche Synergieeffekte durch die betriebliche Zusammenlegung behauptet. Das wurde von der Wirtschaftsberatungsgesellschaft KPMG auseinandergepflückt: Die technischen Systeme seien so unterschiedlich, dass kaum Kostenvorteile durch gemeinsame Investitionen entstehen würden und wenn überhaupt, dann seien sie aufgrund der langen Abschreibungszeiträume auf die Anlagen wenig interessant. Auch das Bundesfinanzministerium winkte ab. Zum einen hätte die steuerliche Angleichung zu einer komplizierten Verschiebung der auf Bund und Länder entfallenden Steuereinnahmen geführt. Zum anderen hätten die neu der Umsatzsteuer unterworfenen kommunalen Abwasserbetriebe im Gegenzug den Vorsteuerabzug gewählt und dem Staat ungewollte Steuerausfälle beschert.

Kartellamt: Preise und Gebühren kontrollieren

Die Preisbildung in der Wasserversorgung unterliegt keinen festen Regeln. Die AVBWasserV verlangt lediglich die Veröffentlichungspflicht für Preise (§ 1 Absatz 4 und § 2 Absatz 3). Die Gebührenregeln sind in den Kommunalabgabengesetzen (KAG) der Länder festgelegt. Übersehen oder unterschlagen wird gerne, dass die meisten KAGs vorsehen, dass Versorgungseinrichtungen und wirtschaftliche Unternehmen der Kommunen einen »angemessenen Ertrag für den Haushalt der Gemeinde abwerfen können«, so z.B. das KAG Baden-Württemberg von 2007, § 14, Absatz 1.

Bei Gebühren prüft die Kommunalaufsicht nur die formelle Einhaltung von Recht und Gesetz, nicht aber die inhaltliche Angemessenheit der Gebührenhöhe. Der BDE hat deshalb auch für die für Wasser und Abwasser zu zahlenden Gebühren eine unabhängige Kontrolle der Preisbildung verlangt. Die einheitliche Kontrolle sei schon deshalb nötig, weil der »Markt« für Wasser und Abwasser nicht liberalisiert sei, sondern monopolistisch und die Bürger sich ihre Versorger deshalb nicht frei wählen könnten – eine der ebenso formelhaften wie unpräzisen Ableitungen aus der Zwangsvorstellung von Markt als universalem Ordnungsprinzip.

Bei Preisen ist die Kontrolle durch das Kartellrecht geregelt. Die Sonderstellung der Wasserversorgung wurde 1998 bei der Neufassung des Gesetzes gegen Wettbewerbsbeschränkung (GWB) insoweit berücksichtigt, als für die öffentliche Wasserversorgung die §§ 103, 103a und 105 GWB in der alten Fassung von 1990 weiterhin gelten. Die wesentlichen Vorschriften des GWB und das Verbot wettbewerbswidrigen Verhaltens gelten damit nicht für die Wasserwirtschaft. Erhalten bleibt allerdings die für Monopolisten eingeführte Missbrauchsaufsicht bezüglich der Preisgestaltung.

Dieses Instrument wurde aus vielerlei Gründen fast nie angewandt, bis sich die Hessische Kartellbehörde entschloss, einzelnen Wasserversorgern die *Folterinstrumente* zu zeigen. Seit 2002 führte sie neun Verfahren gegen hessische Wasserversorger in privater Rechtsform (Frankfurt, Kassel, Oberursel, Eschwege, Herborn, Wetzlar, Gießen, Wiesbaden und Darmstadt) durch. In drei Fällen klagten die Betroffenen. Der Fall der enwag Energie und Wassergesellschaft mbH, an der die Stadt Wetzlar mehrheitlich beteiligt ist, wurde nach Entscheidung des OLG Frankfurt dem Kartellsenat des Bundesgerichtshofs (BGH) vorgelegt. Der BGH bestätigte mit Beschluss vom 2. Februar 2010 die auf 29% Preissenkung lautende Verfügung gegen die enwag als rechtmäßig. Daraufhin brach bei Marktliberalen Jubel aus, selbst die Verbraucherzentrale Bundesverband sah eine neue Zeit der Preisgerechtigkeit aufziehen.

Die betroffene enwag erklärte ihrerseits, die Rückzahlung und die Preissenkung würden ihre wirtschaftliche Basis zerstören und ihr bliebe nur die Umwandlung in eine öffentlich-rechtliche Form und damit der Wechsel von Preisen zu Gebühren. Auch andere vom Kartellamt überprüfte Städte kündigten dies an, womit der Vorstoß der Kartellbehörde ins Leere laufen würde. Das Bundeskartellamt forderte daraufhin auch für Gebühren eine bundeseinheitliche Kontrolle. Dem schloss sich die Bundesnetzagentur an, obwohl sie überhaupt nicht für die Wasserwirtschaft zuständig ist.

Bei näherem Hinsehen wird deutlich, dass beiden Behörden die Sonderstellung der Wasserversorgung als »wettbewerbsfrei« – und damit in weitgehend liberalisierten Märkten gewissermaßen als systemwidrig – nicht passt. Sie möchten die auch von der EU gewollte und bei der Energieversorgung und der Telekommunikation weitgehend durchgesetzte Marktöffnung wenigstens hilfsweise am Werk sehen. Wenn schon nicht »der Markt«, den es in reiner Form sowieso nur sehr selten gibt, für Preiswettbewerb sorgt, dann soll dieser wenigstens als behördliche Kunstform auftreten, nämlich als Regulierung. Liberalisierung und Regulierung treten deshalb an vielen Stellen gemeinsam auf.

Den Ämtern ist dabei egal, ob für den Fall einer bundeseinheitlichen Regulierung ein riesiger Aufwand sowohl bei der Administration als auch bei einigen Tausend Betrieben getroffen werden müsste, der mögliche Preisvorteile für die Kunden deutlich schmälern würde. Welcher Aufwand bei den Wasserversorgern verlangt wird, zeigen die Kartellverfahren in Hessen.

Verantwortlich dafür sind die Beweislastregeln, die auf eine Beweislastumkehr hinauslaufen. Nach § 103 (5) GWB a.F. liegt der Missbrauch einer marktbeherrschenden Stellung insbesondere dann vor, »wenn ein Versorgungsunternehmen ungünstigere Preise oder Geschäftsbedingungen fordert als gleichartige Versorgungsunternehmen, es sei dann, *das Versorgungsunternehmen weist nach*, dass der Unterschied auf abweichenden Umständen beruht, die ihm nicht zurechenbar sind.«

Nach § 59 GWB ist das betroffene Unternehmen praktisch unbegrenzt auskunftspflichtig hinsichtlich seiner wirtschaftlichen Verhältnisse. Das vom Kartellamt zum Vergleich herangezogene Unternehmen (oder mehrere) ist/sind aber nicht verpflichtet, seine/ihre Daten dem ersteren vor einem Verfahren zur Verfügung zu stellen. Wie soll es dann vergleichen? Darüber hinaus bleiben die Ansprüche an qualitative und quantitative Vergleichsmöglichkeiten weitgehend unklar.

Bedenklicher ist, dass vom Kartellamt anerkannte Gründe vorrangig technischer Art sind, z.B. Topografie, Abnahmedichte je Kilometer Rohrnetz, Behälterzahl. Nicht zurechenbare Gründe sind Überdimensionierung von Anlagen wegen sinkender Wasserabgabe, unterschiedliche Abschreibungsmodalitäten und Finanzierungsbedingungen, Höhe der Konzessionsabgaben (Konzessionen werden von den Kommunen auch eigenen Unternehmen für die Nutzung des öffentlichen Grunds abverlangt), fehlende Eigenkapitalverzinsung bzw. betriebswirtschaftliche Verluste des Vergleichsunternehmens.

Das Kartellamt maßt sich auch umfassende Fachkompetenz an, indem es Anlagen oder Strukturen, die es für ineffizient hält, für nicht zurechenbar erklärt. Deren Mehrkosten sind allein vom Unternehmen zu tragen, falls es nicht nachweist, dass sie »unverzichtbar« sind.

Dabei schlägt durch, dass die Kartellbehörde trotz der Erklärung, sie habe ökologische Gesichtspunkte im Blick, neben technischen ausschließlich betriebswirtschaftliche Maßstäbe anlegt. Ein guter – also in der Wortwahl der Marktideologen »effizienter« – Wasserversorger wäre einer, der nur so viel tut, dass er die gesetzlichen Vorgaben erfüllt und durchschnittliche

Versorgungssicherheit bietet. Das zuvor beschriebene bewährte Prinzip einer mit Augenmaß betriebenen stetigen Optimierung hätte dann ausgedient zugunsten einer Kommerzialisierung, die sich einem schon nicht mehr fiktiven, sondern herbeigezwungenen Kostenwettbewerb ausgesetzt sieht.

Vorausschauende Investitionen mit guten Materialien, erprobte und sichere Verfahren vor allem in der Wasseraufbereitung und Rohrnetzpflege, langfristige Sicherung von geeigneten, möglichst ortsnahen Wassergewinnungsgebieten (gemäß § 50 Absatz 2 Wasserhaushaltsgesetz n.F.) durch Flächenkauf und Kooperation mit der Landwirtschaft anstelle womöglich billigerem Fernwasserbezug, laufende Fortbildung der Mitarbeiter – das wäre sozusagen eine gegenüber dem ausschließlich preisbewussten Kunden und einer entsprechend konditionierten Kommunalpolitik schwer begründbare »Hobbytätigkeit« des Unternehmens. Ökonomisch betrachtet, ähnelt das Verfahren der Kartellbehörde einer Art Grenznutzenlehre, wonach die zuletzt beschriebenen (Dienst-)Leistungen wertmäßig gegen Null streben.

Diese gern auch von den französischen Wasserkonzernen betriebene Geschäftspolitik kann dann realiter in der Frage eines neu angestellten (fachfremden) Geschäftsführers eines kommunalen Wasserversorgers münden: »Wie lange dauert es denn so, bis weniger Investitionen im Rohrnetz durch vermehrte Störfälle auffällig würden?« Für eine auf Dauer angelegte, verantwortliche Wasserversorgung ist diese Frage dummdreist, für Jobhopper mit kurzfristigem »Effizienzprofil« womöglich fruchtbringend.

Die mittlerweile auf Länderebene koordinierten Aktivitäten der Kartellbehörden werden die Preisdiskussion nicht zum Verstummen bringen, wie etwas unbedarfte Fernsehsendungen zum Jahresende 2011 zeigten. Bei den Wasserversorgern und ihren Verbänden ist die Botschaft inzwischen angekommen, dass die Preisgestaltung zumindest nach mehr Transparenz verlangt. Der BDEW hat für seine Mitgliedsunternehmen im Juni 2010 eine Broschüre »Kundenbilanz« zur Förderung der Preis- und Leistungstransparenz herausgegeben (BDEW 2010).

Kommunen: Bedrängnisse und eigener Drang

Die meisten der mittleren und größeren Wasserversorger sind Teile von Stadtwerken. Diese gerieten seit Mitte der 1990er Jahre unter den Druck der Liberalisierung vor allem der Energieproduktion und -verteilung. Viele ohnehin finanziell überstrapazierte Kommunen suchten ihr Heil vermehrt in Verkäufen öffentlichen Vermögens oder holten sich Großkonzerne oder deren Töchter als Teilhaber. Davon waren auch einige Hundert Wasserversorger direkt oder mittelbar betroffen. Zugleich strebten die Kommunen danach, sich wirtschaftlich breiter und damit vermeintlich einträglicher und sicherer zu betätigen und sogar die Gemeindegrenzen zu überschreiten. Auch der BDEW fordert immer wieder die Lockerung des dafür hinderlichen Örtlichkeitsprinzips – ohne auf die damit wegen EU-Rechts entstehenden Probleme mit dem kommunalen Selbstbestimmungsrecht zu achten.

Der ausgeprägteste Fall ist die MVV Energie, ursprünglich der Eigenbetrieb Mannheimer Stadtwerke, heute nach mehreren Zwischenschritten eine Aktiengesellschaft. An ihr hält die Stadt Mannheim 50,1%, die EnBW Baden-Württemberg 15,1% und die Rhein Energie (80% gehören der Stadt Köln, 20% der RWE) 16,3%. Die MVV Energie besitzt Beteiligungen an den Stadtwerken Kiel (51,0%), der Energieversorgung Offenbach (48,7%), den Stadtwerken Solingen (49,9%), Ingolstadt (48,4%) sowie weiteren fünf Stadtwerken. Auslandsbeteiligungen wurden inzwischen verkauft. Die EnBW als seit 2010 wieder staatlicher Konzern hält ihrerseits 40 Beteiligungen an Gemeindebetrieben und Regionalversorgern und ist Mehrheitseigner der Stadtwerke Düsseldorf.

Die Beteiligung privater Unternehmen an öffentlichen Betrieben, im Ergebnis auch gemischtwirtschaftliche genannt, erstreckt sich mittlerweile auf etwa die Hälfte jener Kommunen, die im Verband kommunaler Unternehmen (VKU) organisiert sind. Einige reichen bis in die 1970er Jahre zurück. Der Begriff öffentlich-private Partnerschaft (ÖPP), auch englisch PPP, der seit gut einem Jahrzehnt vor allem für Bauvorhaben der öffentlichen Hand mit privaten »Partnern« eingeführt ist, wird für diese anders gelagerten Beteiligungen oder Kooperationen selten verwandt.

Bei materiellen Teilprivatisierungen, also Anteilserwerb, wurde oft nur eine Minderheitsbeteiligung von einem Viertel erworben, allerdings verbunden mit dem Recht der Betriebsführung. Spezialisiert darauf war die EON-Tochter Thüga AG mit materiellen Beteiligungen an rund 110 Stadtwerken. Etwa 40% davon umfassten auch die Wasserversorgung. Diese Strategie folgte dem Expansionsbestreben vor allem der großen Konzerne RWE und EON, sich als multi-utility-Dienstleister große Teile der ehemals rein kommunalen Dienstleistungen Energie, Wasser, Abwasser und Entsorgung anzueignen. Sind sie erst einmal drin, haben sie keine lokale Konkurrenz mehr und sichere, wenn auch nicht spektakuläre Renditen. Wo nicht gekauft werden kann, wird die Betriebsführung öffentlicher Versorger angestrebt. Seit fast zwei Jahrzehnten ist die französische Veolia Environnement hinzugekommen, die obendrein noch Verkehrsbetriebe übernommen hat.

Auf Betreiben des Bundeskartellamtes wurde die Thüga von der EON gelöst. Im Herbst 2009 ging sie in einem spektakulären Akt der Rekommunalisierung für 2,9 Mrd. Euro auf kommunale Gruppen über. Die größten Anteilseigner der Thüga wurden mit jeweils 20,75% die Enercity (Stadtwerke Hannover), die Nürnberger N-ergie und die Frankfurter Mainova. Die restlichen 37,75% übernahm die Kom9 GmbH & Co. KG, an der wiederum 46 kleine und mittlere kommunale Versorgungsunternehmen beteiligt sind.

Ein anderer spektakulärer Fall von Rekommunalisierung war bereits 2003 die Übernahme der 80,5% EON-Anteile an der Gelsenwasser AG, dem schon sehr alten und größten überwiegend privaten Wasserversorger im Lande, durch die Stadtwerke Dortmund und Bochum.

In beiden Fällen fiel fast zwanghaft von Seiten der Liberalisierer der Begriff Sozialisierung, wie es denn auch manche für angemessen halten, die wirtschaftliche Tätigkeit des Staates unter Hinweis auf den gescheiterten DDR-Staatssozialismus als verfehlt zu bezeichnen. Der Bundesverband der deutschen Industrie (BDI) hatte in seiner inzwischen umgetitelten Broschüre »Deckmantel Daseinsvorsorge« (2000) sogar erklärt, die staatliche Wirtschaftstätigkeit sei »unzulässig«, weil sie der privaten Wirtschaft einen Teil des Kuchens wegnehme. Eine groteske Umfälschung von Grundgesetz, Gemeinderecht und EU-Recht.

Das mittlerweile kaum überschaubare Geflecht von Beteiligungen und interkommunalen Zusammenschlüssen öffentlich-rechtlicher und privatrechtlicher Art wird noch komplizierter durch reine private Betriebsführungen, auch als funktionale Privatisierungen bezeichnet.

Die echte funktionale Privatisierung besteht in der Übertragung einer Aufgabe auf einen Privaten als »Verwaltungshelfer« (*Betreiber- oder Betriebsführungskonzept*). Die unechte Aufgabenprivatisierung liegt in der Übertragung von Betriebsführung, Gebühreneinzug und Investitionen auf einen Privaten (französisches Modell) für einen längeren Zeitraum, auch als *Konzessionsvertrag* bezeichnet. Eine Unterform der Aufgabenprivatisierung ist die materielle Beteiligung des Privaten an einer eigens gegründeten Firma, der die Aufgaben voll übertragen werden.

Zwischenfazit: Die Fülle der privaten Beteiligungen und Betriebsführungen lässt kein summarisches Urteil zu, welche Folgen diese für den Leistungsstand der betroffenen Betriebe haben. Dabei ist zu berücksichtigen, dass bei Beteiligungen und Betriebsführungen in der Regel zunächst mit dem angestammten Personal aus kommunalen Betrieben weitergearbeitet wird. Dies bedeutet zumindest eine Zeit lang einen Fortbestand der technischen Kompetenz. Ob diese im überkommenen Sinn praktisch angewendet wird, muss sowohl für die (teil-)privatisierten wie zunehmend auch für die weiterhin rein kommunalen Betriebe in Zweifel gezogen werden.

Auch wenn nur in wenigen Fällen, auf die noch eingegangen wird, die Wasserwirtschaft Hauptziel von Privatisierungen war, befindet sie sich generell in einer seit den Marktliberalisierungen veränderten Situation. Sie ist streckenweise nicht nur Mitleidender der desolaten Haushaltssituationen in den Kommunen, sie ist auch in der Wahrnehmung der kommunalen Verantwortungsträger zunehmend ein Teil der neoliberalen Wettbewerbsmentalität geworden. Das heißt, die (soweit in den Köpfen vorhandene) ganzheitliche Betrachtung der Wasserversorgung als auf Dauer angelegte Pflichtaufgabe der Daseinsvorsorge, als technische, ökonomische und politisch-gesellschaftliche Systemleistung, verengt sich immer mehr auf das rein Ökonomische. Die so genannten Effizienzkriterien im offiziellen Benchmarking der Branche versuchen dem zum Teil entgegenzuwirken, sie sind jedoch deswegen nicht auch handlungswirksam.

Die auch für die Kommunalwirtschaft ausgerufene Marktorientierung (Städtetagspräsidentin Petra Roth: Eine Stadt ist ein Unternehmen wie andere auch) spiegelt sich neben den Organisationsveränderungen bereits in den zunehmend von Ökonomen besetzten Führungspositionen der Wasserversorgung, in Gehaltssteigerungen nicht nur bei Hereinnahme von privaten »Partnern«, in Bonuszahlungen für rein betriebswirtschaftliche Jahreszielerreichungen, in der zum Teil epidemischen Beschäftigung von externen Firmenberatern. Denen ist zwar Facherfahrung regelmäßig fremd, sie schlagen aber grundsätzlich Personalkürzungen vor, die meist auch umgesetzt werden. Seit 1995 verringerte sich die Anzahl der in der Wasserversorgung Beschäftigten um über 25% auf jetzt rund 35.000. Zweifellos gab es auch in der Wasserversorgung üppige Personalbestände, die zum Teil auf parteipolitische und gewerkschaftliche Einflüsse zurückzuführen waren. Den Personalabbau jedoch insgesamt als »Effizienzgewinn« einzustufen, wäre kurzsichtig, weil damit auch Fachkompetenz unwiederbringlich verloren gegangen ist.

Der Mentalitätswandel wird weiterhin deutlich in der nicht nur vom BDEW unterstützten Forderung, für die Wasserversorgung nachteilige Gewässerbelastungen verursachergerecht bezahlen zu lassen. Das ist an sich logisch, heißt hier aber, dass die aus Verantwortung für die Sache von vielen Wasserversorgern erbrachten freiwilligen Leistungen an die Landwirtschaft für einen besseren Ressourcenschutz gefälligst nicht mehr von den Wasserkunden getragen werden sollen. Angesichts der Lobbymacht der Landwirtschaft ist dies ein scheinheiliges Argument, das eine Bereinigung der Versorgerbilanzen von Gemeinkosten vorbereiten soll.

Insgesamt kann in Teilen der Wasserwirtschaft von einem Kulturwandel gesprochen werden, der die nachhaltige öffent-

liche Aufgabe ihr wesentlich fremden Wettbewerbs- und Profit-
mustern unterwirft.

Reguliert geht nicht, aber »modernisiert«

Einen Kompetenzbeweis eigener Art lieferte Alfred Tacke,
Staatssekretär im Wirtschaftsministerium der Schröderschen
Bundesregierung, heute Vorstandsvorsitzender der STEAG. Sein
Ministerium wollte per Gutachten die Marktöffnung der Wasserwirtschaft vorantreiben. Es erschien 2001 unter der Federfüh-
rung von Prof. Jürgen Ewers – der sich rühmte, die Wasserversorgung der »Disziplin des Finanzmarktes« (!) unterwerfen zu
wollen – mit dem Titel »Optionen, Chancen und Rahmenbedingungen einer Marktöffnung für eine nachhaltige Wasserwirtschaft«. Darin wurde, sehr ähnlich wie in einem ein Jahr zuvor
erschienenen Papier der Deutsche Bank Research (Nr. 176), die
»Reformbedürftigkeit« der deutschen Wasserwirtschaft ausge-
malt. Einer der Gründe sei ihre Kleinteiligkeit, die sie im internationalen Wettbewerb (gegenüber den französischen Groß-
konzernen) benachteilige. Dieses bizarre Argument, das einen
völlig neuen Auftrag öffentlicher Unternehmen fingiert, wurde
sogar schon Ende der 1990er Jahre vom damaligen BGW vorge-
bracht und tauchte bis vor kurzem immer wieder auf. Das Ewers-
sche Gutachten breitete das ganze Instrumentarium von Regu-
lierungsmodellen aus, bis hin zum möglichen Aufbrechen der
Gebietsmonopole zur preisgünstigen Belieferung von privaten
Großabnehmern durch Private.

Auf die heftige Kritik der Branche antwortete der vorerwähnte
A. Tacke, Wasser sei zwar ein Lebensmittel, aber Brötchen seien
das auch und niemand habe bisher verlangt, dass diese von öffentlichen Betrieben gebacken würden. Deswegen könne mehr
private Beteiligung am Geschäft die Branche aus ihrem »Bieder-
meier« lösen. Dieser Stil und die Hauptstoßrichtung konnten sich
allerdings nicht durchsetzen und man einigte sich mit der Regierung auf eine »Modernisierungsstrategie« im Sinne des An-
trages »Nachhaltige Wasserwirtschaft in Deutschland« (Bundes-
tags-Drucksache 14/7177), beschlossen am 21.3.2002. In diesem
Sinne müssten effiziente, kundenorientierte und wettbewerbs-

fähige Dienstleistungsunternehmen der öffentlichen Wasserver- und Abwasserentsorgung bestehen, die sich einer nachhaltigen Wasserwirtschaft verpflichtet fühlten.

Die Innenministerkonferenz der Länder forderte im Mai 2003 die Schaffung größerer Versorgungsgebiete und Versorgungs- einheiten durch interkommunale Zusammenarbeit. 2006 setzte sich die Bundesregierung vor dem Hintergrund eines EuGH-Ur- teils (»Stadt Halle«) dafür ein, dass für öffentlich-private Unter- nehmen die so genannte Inhouse-Vergabe zugelassen werden sollte, also ohne Ausschreibung, wie innerhalb der allein behörd- lich bestimmten Wirtschaftsbetriebe. In der Tendenz also eine Er- weiterung oder zumindest Bestandssicherung privatwirtschaft- licher Beteiligungen an der Wasserwirtschaft.

Als ein Kernpunkt der »Modernisierung« wurde ein mög- lichst flächendeckendes Benchmarking gefordert, ein Leistungs- vergleich anhand vieler Kennzahlen, dessen Ergebnisse der Öf- fentlichkeit in aggregierter und anonymisierter Weise bekannt gemacht werden sollten. Die darauf fußende »Verbändeverein- barung« mit den Verbänden der Branche sieht allerdings nur ein Benchmarking auf freiwilliger Basis vor. Als ein Element in diesem Prozess erschien vom BDEW erstmals 2005 ein »Branchenbild der Wasserwirtschaft«. In seiner 2008 aufgelegten Programmatik for- dert er eine Umkehrung des Prinzips (niedriger) Grundpreis und (in der Summe höherer, verbrauchsabhängiger) Mengenpreis, was in der Praxis Geringverbraucher deutlich höher belasten wür- de. Außerdem fordert er, Wassercents, Wasserentgelte und ande- re »Wassersteuern« abzuschaffen, weil sie ihre Lenkungswirkung verloren bzw. nie eine gehabt hätten. Auch dies eine Forderung, die zunächst von den Privatunternehmen erhoben wurde und im Zuge der Kommerzialisierung – anstelle einer noch in den 1980er Jahren gepflegten Umweltorientierung – immer lauter wurde.

Besser nicht privat

Niemand hat bisher ernsthaft behauptet, die deutsche Wasser- versorgung, die noch immer zu neun Zehnteln öffentlich organi- siert oder dominiert ist, habe in den letzten 150 Jahren ihre Ar- beit nicht ordentlich verrichtet. *Ihren Leistungsstand hat sie nicht obwohl, sondern weil sie öffentlich organisiert ist.* Trotzdem findet sich immer wieder das Pro-Privat-Argument, die privaten Wasserversorger würden das vermeintlich überlegene Knowhow und, im Fall der französischen Konzerne Suez und Veolia, die nötige internationale Erfahrung mitbringen. Das sind Scheinargumente für eine uninformierte Öffentlichkeit.

Die französischen Wassermultis könnten lediglich Erfahrungsvorsprünge bei der großtechnischen Anwendung von Ultrafiltration, Ozonung und Meerwasserentsalzung ins Feld führen, wohingegen die deutschen mit Sicherheit bei der Uferfiltration und Grundwasseranreicherung Vorsprünge haben. Und letztere werden hier viel eher gebraucht.

Der französische Zugriff auf die deutsche Wasserversorgung setzte nach der »Wende« ein, als die ehemals volkseigenen 15 Wasser- und Abwasserbetriebe (VEB WAB) kommunalisiert wurden und in den neuen Bundesländern zum Teil das Geld für Sanierungen und Neubauten fehlte. Den Beteiligungs- und Betreibermarkt teilen bzw. teilten sich Veolia Environnement und Suez Environnement, die Nummern 1 und 2 des Weltwassermarktes.

Die Wassersparte von Veolia hat ihren Schwerpunkt in Ostdeutschland, Standortübersicht unter www.veoliawasser.de/content/standorte. Zur Veolia Wasser-Gruppe gehören das 1991 gegründete 100%-Tochterunternehmen OEWA Wasser und Abwasser GmbH in Leipzig sowie Beteiligungen an den Berliner Wasserbetrieben, der MIDEWA Wasserversorgungsgesellschaft Mitteldeutschland mbH in Merseburg (25,1% der Anteile), der MHWA Mittelhessische Wasser und Abwasser GmbH mit Sitz in Neu-Isenburg sowie an der OTWA (Ostthüringer Wasser und Abwasser GmbH) in Gera. Veolia kaufte sich im Jahre 2005 als »strategischer Partner« mit 74,9% der Anteile bei der Braunschweiger BS|ENERGY ein. Als multi-utility-Konzern versucht Veolia in den jeweiligen Orten mit anderen Dienstleistungen ins Geschäft zu kommen oder wie im Falle Braunschweig über gemeinsame Tochtergesellschaften in anderen Kommunen sogar eigene Stadtwerke, wie jenes in Springe, zu gründen. Diese Strategie verfolgt Veolia weiter, wobei Käufe nur bei besonderen Gelegenheiten in Betracht kommen dürften.

Suez Environnement, vormals Ondeo, verkaufte im Dezember 2011 seine Wassertochter Eurawasser für 95 Mio. Euro (vorbehaltlich der kartellrechtlichen Genehmigung) an den deutschen Entsorgungskonzern Remondis. Eurawasser betätigt(e) sich an den Standorten Eurawasser Nord (Großraum Rostock-Güstrow), Schwerin, Goslar (Betriebsführung), Kreiensen (Betriebsführung), Leuna, Saale-Unstrut (Freyburg und Leuna, Betriebsführung und Kooperation), Cottbus (Lausitzer Wasser GmbH; 28,9% Beteiligung) sowie Grafschaft (Eurawasser Mittelrhein GmbH, Betriebsführung). Eurawasser hat die Expansionsziele im Wassersektor offenbar nicht erreicht (Umsatz 2010: 70 Mio. Euro, Gewinn 16,5 Mio. Euro) und will sich auf die Abfallentsorgung beschränken.

Aus der Wasserversorgung kann man schöne Gewinne holen, ohne dass es den Kunden gleich negativ auffällt, es sei denn, die Preise klettern unmäßig. Letzteres war in den neuen Bundesländern in sehr vielen Orten unter kommunaler Regie auch der Fall, insofern stachen Veolia und Suez nicht heraus. Ohnehin konnten und können sie sich in der Bundesrepublik keine groben Fehler leisten, weil seit geraumer Zeit Kritik an der Privatisierung der Wasserversorgung laut wurde. Zudem ist Deutschland in der Wasserversorgung im Großen und Ganzen ein Vorzeigeland und insofern mit den öffentlichen Versorgern eine echte fachliche Herausforderung für den Privatsektor. Die in fast allen Privatisierungspapieren für die Wasserversorgung auffällig gleichartige Behauptung, die Privaten hätten in der Wasserversorgung einen Effizienzvorteil von 15%, ist dreierlei: erfunden, unverschämt und als (vermeintlicher) Versuch einer empirischen Abschätzung mehr als unbedarft.

Als größere Privatkonzerne bleiben im Wassersektor noch die Remondis Aqua, die bisher weit überwiegend im Ausland tätig war und nun ihre Deutschland-Aktivitäten ausbauen will (»…sieht den Erwerb von Eurawasser unter strategischen Aspekten als klares Zeichen für die Bedeutung des privatwirtschaftlichen Engagements im bundesdeutschen Wassermarkt«, Pressemitteilung vom 8.12.2011) und die RWE. Letztere hat sich aus dem internationalen Geschäft praktisch bis auf Reste zurückgezogen. Über ihre Tochtergesellschaft RWE Aqua hat sie neben der Kläranlage in

Zagreb und einer Beteiligung an den Budapester Wasserwerken die Beteiligung an der Berlinwasser Holding AG und über Regionalgesellschaften seit längerem auch an der Rheinisch-Westfälischen Wasserwerksgesellschaft (RWW) in Mülheim.

RWE und Veolia teilen sich die 49,9-prozentige Beteiligung an der Berlinwasser Holding, die mittlerweile bundesweit berühmt bzw. berüchtigt ist. Damit die Steuerfreiheit des Abwasserbereichs auch den Privaten zugute kommen konnte und die Gewinnmargen der Privaten abgesichert werden konnten, wurden unterhalb der Holding mehrere privatrechtliche Verträge geschlossen. In den lange geheim gehaltenen Verträgen wurde ein mehrgliedriges Gewinnmodell geschaffen. Es garantiert unabhängig vom Geschäftsverlauf RWE und Veolia einen sehr ordentlichen Betriebsgewinn, für den die Stadt Berlin geradestehen muss, sowie eine Verzinsung des so genannten betriebsnotwendigen Kapitals. Letzteres erhöht sich in betriebswirtschaftlich ungewöhnlicher Weise. Insgesamt wurde von Privatisierungsgegnern ein Vorsteuergewinn von 8 bis 9% errechnet, was um 300 bis 400% über dem durchschnittlichen Gewinn kommunaler Wasserversorger liegt. 2007 betrug die Kapitalverzinsung der Privaten, die sich ihren Einkauf fast vollständig über Kredite zu Kommunalkonditionen leisteten, bei 13%.

Der Fall Berlin ist im Internet hervorragend dokumentiert, insbesondere über die Bürgerinitiative Berliner Wassertisch (http://berliner-wassertisch.net), sodass hier von weiteren Details abgesehen werden kann. Vertraglich war Preisstabilität bis 2003 vereinbart, danach wurde gleich ein Sprung um 15% gemacht. Seit der Teilprivatisierung 1999 sind die Preise um über 30% gestiegen. Die Mitarbeiterzahl sank von 6.116 Ende 2000 bis auf 3.948 Ende 2009.

Die praktische Betriebsführung liegt fast vollständig bei Veolia. In den ersten fünf Jahren nach der Privatisierung wurden die Betriebskosten nach Unternehmensangaben um 30% gesenkt. In einer Pressemitteilung von 2002 wurde dies »die Reduzierung von Standards und Beständen« genannt. Von Mitarbeitern, die in der Regel aufgrund von Arbeitsplatzzusagen den privaten Betreibern positiv gegenüberstehen, wird die Wartungs- und Unterhaltungspraxis der Anlagen »französisch« genannt. Im Zeitraum 1999 bis 2002 betrugen die Investitionen durchschnittlich 330 Mio. Euro pro Jahr, seitdem ist ein Abfall auf durchschnittlich rund 270 Mio. Euro pro Jahr eingetreten.

Die Berliner Teilprivatisierungsverträge sind in mehrfacher Hinsicht ein abschreckender Fall. Die üblen rechtlichen Tricks zur Gewährung einer vom Berliner Verfassungsgericht als unzulässig erkannten überhöhten Gewinngarantie sind schon schlimm genug. Der Konsortialvertrag zwischen Stadt und Privaten enthielt in beachtlicher Weise eine Bestimmung, dass für den Fall einer Nichtwirksamkeit der üppigen Gewinngarantie die Stadt sich verpflichte, für einen Ausgleich zu sorgen. Dies wurde sogar 2003 noch einmal in einer Änderungsvereinbarung fixiert. Die permanente Haushaltsbelastung durch asymmetrische Kosten- und Gewinnverteilung und die Preisgestaltung tun ein Übriges. Vor allem aber die eher handstreichartige Verabschiedung der dem Berliner Abgeordnetenhaus nur in Gestalt eines Prospektes vermittelten, hoch komplizierten Vertragsinhalte ist eine vorsätzliche Aushebelung demokratischer Kontrollfunktionen. Hier wurde ein Verfassungsorgan, nämlich die gewählte Volksvertretung, von der Exekutive am Nasenring vorgeführt. Diese Art von zum Teil selbst verschuldetem parlamentarischem Machtverlust breitet sich überall aus.

Schließlich hat bis vor kurzem der Senat die (vereinbarte) Geheimhaltung der Vertragsinhalte verteidigt. Dies ist nicht nur ein Selbstschutz für eigenes Fehlverhalten einschließlich des Versuchs, den Rechtsweg für Nichtigkeitsklagen oder Ähnliches zu unterlaufen. Sie ist auch eine schwerlich zu rechtfertigende Bevorzugung privatwirtschaftlicher vor öffentlichen Interessen. Diese Praxis verunstaltet zusätzlich immer mehr gemischtwirtschaftliche Verträge. Die Antwort der Berliner Bevölkerung in Gestalt des erfolgreichen Volksbegehrens für die Offenlegung der Verträge war erfreulich eindeutig.

7. Der Einsatz für das Gemeingut Wasser und Perspektiven

Kampf um die Ressource Wasser

Weltweit setzen sich Menschen dafür ein, dass sie sauberes und erschwingliches Trinkwasser haben – manche sogar unter Einsatz ihres Lebens. Vielmals ist dieser Kampf für das Wasser auch ein Kampf gegen dessen Privatisierung und Kommerzialisierung. So vielfältig wie diese Bedrohungen des öffentlichen Gutes Wasser ist auch der Widerstand dagegen. Dennoch vereinten diesen Widerstand zumindest zwei Ziele:

1. Wasser ist ein Menschenrecht, das allen Menschen zugänglich sein muss, und keine Ware, sondern ein Gemeingut, das für alles Lebende unentbehrlich ist.

2. Wasser darf nicht privatisiert werden, es gehört in die öffentliche Hand, die sorgfältig und behutsam damit umgehen und von der Bevölkerung kontrolliert werden muss.

Nachdem in Ostdeutschland Ausmaß und Folgen der Seenprivatisierung richtig offenbar geworden waren, begann der Widerstand, z.B. am Mellensee nahe Berlin, wo eine Bürgerinitiative 8.500 Unterschriften gegen Seenprivatisierung sammelte. Schließlich kam es zu einer Bundestagspetition unter Führung des Bundes für Umwelt und Naturschutz Brandenburg, die 53.500 BürgerInnen unterzeichneten. Dies führte zu einer bundesweiten Debatte, bis schließlich selbst der damalige Verkehrsminister Tiefensee den Stopp des weiteren Verkaufs von Seen forderte. Tatsächlich stoppte die zuständige Bodenverwertungs- und -verwaltungs GmbH (BVVG) im Mai 2010 die Verkäufe. Denn selbst die BVVG hatte wohl begriffen, wozu private Investoren fähig sind. Dennoch berief sich BVVG-Geschäftsführer Horstmann auf ihren offiziellen Auftrag, das ehemalige DDR-Vermögen zu veräußern: »Wir werden die Seen verkaufen, solange der Bundestag die gesetzliche Grundlage nicht verändert«. Die Verkäufe können jederzeit wieder aufgenommen werden. Bis heute ist auch die Petition an den Bundestag nur beraten, aber nicht entschieden worden. Immerhin aber kaufte Mecklenburg-Vorpommern im Dezember 2011 der BVVG 37 Seen ab, die ursprünglich privatisiert werden sollten.

Auch *international* erregt der Verkauf von Gewässern starken Unmut und Widerstand. In British Columbia kämpft eine der größten Naturschutzgruppen, das Wilderness Committee, gegen den Ausverkauf der dortigen Flüsse an Energieunternehmen. In der Türkei gibt es viele engagierte Wasseraktivisten, die sich gegen die Pläne zur umfassenden Flussprivatisierung im Jahr 2009 gewehrt haben, bis ein Verkauf schließlich offiziell dementiert wurde. Doch wie repressiv die Türkei mit solcher Kritik umgeht, konnte man bei den Protesten gegen das Weltwasserforum 2009 sehen. Die Demonstranten wurden dort mit massiver Polizeigewalt drangsaliert. Im Mai 2011 starb sogar der Wasseraktivist Metin Lokumcu bei einer Demonstration. Die Behörden sprechen von einer Herzattacke, aber andere Aktivisten sagen, Lokumcu sei durch massiven Tränengaseinsatz bei der Demonstration gestorben.

In El Salvador starb im September 2011 der Aktivist Juan Francisco Duran, der sich gegen eine geplante Goldmine der Firma Pacific Rim wehrte, die den wichtigsten Fluss des Landes und damit die Wasserquelle für Trinkwasser und Landwirtschaft bedroht. Nachdem Duran wiederholt von den Behörden und der Polizei wegen seines Aktivismus angegangen worden war, fand man ihn tot auf – mit einer Kugel im Kopf. Er war leider nicht der erste, der in El Salvador wohl aus politischen Gründen ermordet wurde. Schon vorher waren neun Menschen aus dem Umfeld der Anti-Minen-Bewegung umgebracht worden.

In Island erregte 2011 ein durch die Finanzkrise bedingter Verkauf eines Energieversorgers, der auch geothermische Quellen und Geysire besitzt, harsche Kritik. Rund 48.000 BürgerInnen – etwa 15% der Bevölkerung – unterzeichneten eine Petition, die Verkäufe zu stoppen und zugleich festzuschreiben, dass Naturressourcen in öffentlichem Besitz bleiben sollten.

In Indien haben sich gegen die Beanspruchung und Verschmutzung des Grundwassers durch Getränkekonzerne wie Coca-Cola oder Pepsico viele Aktivitäten entwickelt. Es begann um die

Jahrtausendwende an der damals größten Abfüllanlage in Plachimada (Kerala), wo seit April 2002 eine tägliche Mahnwache abgehalten wurde. Im Dezember 2003 entschied der höchste Gerichtshof, dass sich Coca-Cola eine andere Wasserquelle suchen müsse, weil das Grundwasser der Bevölkerung gehöre. Die Anlage ist seit März 2004 deshalb durch die Behörden geschlossen und erhält keine Betriebserlaubnis mehr.

Auch in anderen indischen Produktionsstätten, wie in Mehdiganj (Uttar Pradesh) oder Kala Dera (Rajasthan), gab es massive Proteste, Demonstrationen und Klagen. »Vor laufenden Kameras verbrennen oder zerreißen wütende Inder Cola-Plakate, kippen die Softdrinks auf die Straße oder trichtern sie Eseln ein.«, berichtete die Frankfurter Rundschau 2006. Später stellte das Grundwasseramt offiziell fest, dass Coca-Cola für das Absenken des Grundwasserspiegels mit verantwortlich ist. Auch international kam es zur Solidarisierung, Universitäten und Gewerkschaften boykottierten Coca-Cola. Im Februar 2011 beschloss das Parlament von Kerala ein Gesetz, das eine Schadensersatzklage in Höhe von 48 Mio. US-$ gegen Coca-Cola ermöglicht. Doch nach wie vor sind die US-Konzerne aktiv in Indien.

Der Film »The Coca Cola Case« zeigte 2010, wie bei den Abfüllanlagen Coca-Colas in Kolumbien, Guatemala und der Türkei die Menschenrechte mit Füßen getreten werden. Coca-Cola soll nicht nur KritikerInnen mit Klagen überzogen, sondern sich gar mitschuldig an Entführungen und am Tod von Gewerkschaftern gemacht haben.

Währenddessen wehren sich auch im Mutterland Coca-Colas verschiedene Kampagnen gegen die Flaschenwasser-Industrie. Gruppen wie »Food & Water Watch« versuchen, die BürgerInnen zum Konsum von Leitungswasser zu bewegen, um den Konzernen das Geschäft kaputt zu machen, die mit gezielter Desinformation die Qualität des Leitungswassers schlecht reden. Dabei steht der Konzern Nestlé in der Kritik, der 2006 über 30% des US-Flaschenwasser-Marktes beherrschte. Die Gemeinden Kennebunk und Shapleigh in Maine erreichten 2008 immerhin ein Moratorium für die Entnahme von Wasser durch Nestlé. Viele solcher kleinen Siege können auch einen großen Konzern zermürben.

Rekommunalisierung und Bürgerbegehren

Auch bei der Wasserversorgung gibt es vielfach eine Gegenbewegung zur Privatisierung. Die erste geht von den Gemeinden selbst aus. So haben Gemeinden in Deutschland inzwischen weitgehend Abstand genommen von weiteren Privatisierungen. In Frankreich kehren immer mehr Gemeinden zurück zum Betrieb in öffentlicher Hand. Seit dem 1. Januar 2010 hat Paris wieder einen einzigen öffentlichen Betreiber. Nach nur einem Jahr konnte der Wasserpreis zum ersten Mal seit 25 Jahren um 8% gesenkt werden, bei bleibender Qualität und Aufstockung der Rücklagen. Auch in Buenos Aires kündigte die Stadt 2006 die Verträge und nahm die Versorgung wieder in eigene Hand. Und in den USA gibt es in Städten wie Atlanta, Montara oder Felton in den letzten Jahren Rekommunalisierungen. Diesen Entscheidungen gingen oft Bürgerinitiativen und Kampagnen voraus. In vielen Fällen ist es nicht die Regierung oder die Verwaltung, die Wasser als öffentliches Gut verteidigt. Die BürgerInnen müssen dann selbst diese Aufgabe übernehmen. In einigen Fällen kam es dabei zu regelrechten Wasserkriegen, so wie in Bolivien 2000 in Cochabamba und 2005 in El Alto (La Paz). Wochenlang gingen in Cochabamba die Menschen auf die Straßen um zu protestieren, es kam zu einem Generalstreik. Die Situation eskalierte, das Kriegsrecht wurde verhängt und bei den Kämpfen gab es mehrere Tote und Verletzte. Immerhin war der Kampf erfolgreich: Mitte April 2000 nahm die Regierung die Privatisierung zurück.

Zum Glück verlaufen nicht alle Kämpfe so blutig wie in Bolivien. Vielfach wehren sich die BürgerInnen mit friedlichen Mitteln wie Volksabstimmungen gegen die Privatisierung. In *Hamburg* wurde so 2005 durch die Bürgerinitiative »Unser Wasser Hamburg« über ein Volksbegehren den inoffiziellen Plänen zur Privatisierung der Hamburger Wasserwerke ein Riegel vorgeschoben. Erstmals in einem Bundesland wurde außerdem daraufhin die Bewahrung der Wasserversorgung in öffentlicher Hand gesetzlich vorgeschrieben.

In *Augsburg* hat die WasserAllianz durch drei Bürgerbegehren 2004 und 2008 erreicht, dass der städtische Abwasserbetrieb als Eigenbetrieb der Stadt erhalten bleibt, die Wasser-Tochter der öffentlichen Stadtwerke nicht veräußert wird, ein Einstieg der RWE-Tochter Lech Elektrizitätswerke bei den Stadtwerken nicht erfolgt und ein Stadtwaldgebiet nicht zur Sanierung des städtischen Haushalts an die Stadtwerke veräußert wird. Die Wasser-Allianz hat nun den Auftrag des Stadtrats, zusammen mit den Stadtwerken Vorschläge zur Abwehr der Gefahren durch europarechtliche Wettbewerbsregeln zu erarbeiten, um die Privatisierung der Wasserversorgung zu vermeiden.

In *Berlin* gab ebenfalls ein erfolgreiches Volksbegehren im Februar 2011. 666.000 BürgerInnen, und damit 98,2% der Abstimmenden, stimmten dabei für die komplette Offenlegung und Prüfung der Verträge zur Teilprivatisierung der Berliner Wasserbetriebe. Dem Begehren war ein jahrelanger zäher Kampf vorausgegangen. Unter anderem hatte der Berliner Senat das Begehren abgelehnt mit der Begründung, es sei verfassungswidrig. Erst ein Verfassungsgerichtsurteil machte den Weg frei für die zweite Stufe zur Unterschriftensammlung, die schließlich erfolgreich war und die erfolgreiche Volksabstimmung zur Folge hatte. Doch bis zur Rekommunalisierung ist es noch ein weiter Weg in Berlin. Die Konzerne versuchen noch immer mit allen Tricks, möglichst viel Geld aus den Wasserbetrieben herauszuholen.

Auch in *Stuttgart,* wo die Wasserversorgung an EnBW verkauft worden war, gab es ein erfolgreiches Bürgerbegehren zur Rekommunalisierung der Stadtwerke. Für das Bürgerbegehren »Hundert Wasser« kamen bis zum 25. März 2010 25.700 Unterschriften zusammen. Am 17. Juni stimmte schließlich unter dem öffentlichen Druck der Gemeinderat für die Rückkehr des Wassers in die öffentliche Hand. Doch der Kampf ist noch nicht vorbei. Im Dezember 2010 wurde von einem Beratungsunternehmen empfohlen, die Wasserversorgung erneut an EnBW zu vergeben – ein direkter Verstoß gegen das Volksbegehren. Das neue Bürgerbegehren »Energie- und Wasserversorgung Stuttgart« startete deshalb am 9. Februar 2011.

In *Kassel* brachte eine Bürgerinitiative 2004 mittels eines Bürgerbegehrens den Plan des schwarz-grünen Magistrats zu Fall, mit Gründung eines Gemeinschaftsunternehmens der Städtischen Werke AG und einer EON-Tochter den Markt im Wasser- und Abwasserbereich in Nordhessen, Ostwestfalen, Süd-niedersachsen und Thüringen abzugrasen. Zunächst hatten alle Parteien im Rathaus dies für eine »glänzende Geschäftsidee« gehalten. Noch vor Erreichen der erforderlichen Zahl der Unter-schriften zog der Oberbürgermeister den Plan als »aufgrund der derzeit herrschenden öffentlichen Meinung« als nicht durchsetz-bar zurück.

Auch in *Italien* war eine Volksabstimmung erfolgreich. Nach-dem die Regierung unter Berlusconi das Wasser per Gesetz schon teilprivatisiert hatte, sammelten empörte BürgerInnen innerhalb kurzer Zeit Hunderttausende von Unterschriften zu einer Volks-abstimmung. Diese erfolgte am 12./13. Juni 2011. 57% der Wahl-berechtigten nahmen teil und lehnten die Privatisierung zu 95% ab. Dieser Erfolg war das Ergebnis einer enormen Mobilisierung von vielen Organisationen und Institutionen im ganzen Land über mehr als ein Jahr.

Diese lokalen Beispiele zeigen, dass Widerstand mit demokra-tischen Mitteln möglich ist und entsprechend auch von Aktivist-Innen beschritten werden sollte. Nun soll dies auch auf euro-päischer Ebene geschehen. In der EU soll am 1. April 2012 eine *Europäische Bürgerinitiative* gestartet werden, initiiert von der Europäischen Dienstleistungsgewerkschaft (European Public Ser-vices Union, EPSU). Die EPSU und auch die internationale Dienst-leistungsgewerkschaft (Public Services International, PSI) setzten sich schon lange für eine öffentliche Wasserversorgung ein. Die Bürgerinitiative, für die eine Million Unterschriften gesammelt werden müssen, bietet eine gute Gelegenheit, endlich auch in der EU das universale Recht auf Wasser und den Schutz des Was-sers als öffentliches Gut zu verankern. Deshalb muss sie breite Unterstützung durch alle zivilgesellschaftlichen Akteure und Ein-zelpersonen erhalten.

Vernetzung und Bündnisse

Über die Aktivitäten in einzelnen Orten hinaus ist die Vernet-zung von AktivistInnen von hoher Bedeutung, um den Wider-stand zu organisieren und sich auszutauschen und anzuregen. Zur Vernetzung der Aktivitäten im Bereich Wasser gibt es viele

Initiativen. Hier sollen nur die aktivsten genannt werden: Parallel zum Weltwasserrat und den Weltwasserforen (s. Kap. 5) bildeten sich Gegennetzwerke und Gegengipfel: Schon in Kyoto 2003 waren die Stimmen der internationalen Netzwerke zu hören und ein erstes Alternatives Wasserforum fand gleichzeitig in Florenz 2006 in Italien statt, wo man sich gegen öffentlich-private Partnerschaften (PPP) auflehnte. In Istanbul 2009 gab es einen Gegengipfel, und auch in Marseille findet im März 2012 ein *alternatives Weltwasserforum (FAME)* statt, um die Kritik an der offiziellen Pro-Privatisierungs-Agenda deutlich zu machen.

Auf *globaler* Ebene bildeten sich in den letzten Jahren oft eher lose Netzwerke und Bündnisse. Im Netzwerk »Reclaiming Public Water« haben sich Gewerkschaften, AktivistInnen, WissenschaftlerInnen und öffentliche Wasserbetriebe versammelt. Daneben gibt es globale Internetplattformen wie das »People's Water Forum«, Waterjustice oder das »Blue Planet Project«. Alle diese Gruppen setzen sich dafür ein, dass Wasser als Menschenrecht und öffentliches Gemeingut globale Realität wird.

Auch regional bildeten sich in dieser Zeit viele Gruppen, um die regionalen und lokalen Bedürfnisse zum Ausdruck zu bringen. In Lateinamerika hat sich 2003 La Red VIDA (Vigilancia Interamericana para la Defensa y Derecho al Agua) gegründet. Das Netzwerk besteht aus 54 Organisationen und vielen Einzelpersonen aus 16 Ländern. Für Afrika ist das African Water Network beim Weltsozialforum 2007 in Nairobi entstanden. Am 10./11. Dezember 2011 gründeten rund 150 Wasseraktive aus neun Ländern in Neapel ein europäisches Wassernetzwerk mit dem vorläufigen Namen »European Network for Water as a Common Good«. In Deutschland gibt es das bundesweite Netzwerk »Wasser in Bürgerhand«, das seit 2004 verschiedene lokale Initiativen in Deutschland vernetzt und die bundesweiten und europäischen Entwicklungen verfolgt. Daneben gibt es viele Attac-Gruppen, darunter eine europäische namens Aquattac. Alle diese Gruppen gemeinsam, zusammen mit öffentlichen Wasserversorgern, progressiven Menschen in Regierungen und Privatleuten, haben schon einiges erreicht dafür, dass das Recht auf Wasser und der Schutz des Wassers als öffentliches anerkannt und verteidigt

werden. Doch es gibt noch einen langen Weg dorthin zurückzu-
legen und bedarf des Einsatzes von noch viel mehr Menschen.

Öffentlich-öffentliche Partnerschaften

Die Wasserversorgung soll und muss mehr oder weniger lokal
sein, wenn man die Rechte der lokalen Bevölkerung und ökologische Grundsätze beachten will. Dennoch kann es aus ökonomischen Gründen sinnvoll sein, nicht in jeder kleinen Gemeinde
ein völlig eigenständiges Wasserwerk zu haben, sondern größere Zusammenschlüsse zu bilden. Oder Gemeinden können sich
gegenseitig beraten, wie sie ihre Leistung verbessern können. In
Deutschland geschieht dies schon lange unter dem Begriff interkommunale Zusammenarbeit bzw. Zweckverband.

Auch international haben solche *öffentlich-öffentlichen Partnerschaften (ÖÖPs)* eine lange Tradition und können eine wichtige Alternative zur Beteiligung von Privatkonzernen bieten.
In der Regel unterstützen solche internationalen ÖÖPs Partner
durch Training von Personal, Technik, Verbesserung der Institutionen oder Finanzierung. Mehr als 70 Länder haben ÖÖPs (Hall
2011), einige von ihnen sind schon 20 Jahre alt. Die älteste exi-
stiert seit den frühen 1980er Jahren zwischen Yokohama (Japan)
und anderen asiatischen Ländern. Auch in Lateinamerika haben
ÖÖPs eine Tradition.

Die *Europäische Kommission* hat im Oktober 2011 in einem Ar-
beitsdokument zwar gesagt, dass ÖÖPs von einigen grundsätzlichen EU-Binnenmarktregeln erfasst sind. Allerdings gesteht die
Kommission den Gemeinden große Freiheiten bei der Bildung
von ÖÖPs zu. Seit Neuestem unterstützt die EU mit 40 Mio. Euro
jährlich die ÖÖPs hauptsächlich in den AKP-Ländern (ehemalige
europäische Kolonien in Afrika, Karibik, Pazifik). Auch wenn die
Summe nicht relevant ist, ist dies ein Zeichen, dass die EU von der
Liberalisierungs-Ideologie etwas abrückt.

Internationale Institutionen haben die Bedeutung dieser Partnerschaften entdeckt, und so haben die *Vereinten Nationen*
2006 in Mexico die Water Operators Partnership (WOP) ins Leben gerufen, die dann unter dem Programm UN-Habitat 2009
die Global Water Operators Partnership Alliance (GWOPA) wur-

de. Wie so oft haben es die Privaten aber geschafft sich einzumischen, und so ist GWOPA eine Allianz von hauptsächlich öffentlichen Betreibern, Gewerkschaften, NGOs, aber eben auch von Privaten.

BürgerInnen-Beteiligung

Zweifellos ist das öffentliche Eigentum an Wasser und den Versorgungsbetrieben von essentieller Bedeutung für eine gute Wasserversorgung. Allerdings ist es keine Garantie dafür. Denn auch öffentliche Versorger haben immer wieder bei der Erfüllung ihrer Aufgaben versagt. Es kommt also nicht nur auf das öffentliche Eigentum an, sondern zumindest auch auf die Existenz eines verantwortungsbewussten, dem Gemeinwohl verpflichteten Staates. Doch selbst in Deutschland sind die öffentlichen Versorger trotz ihrer beachtlichen Leistung nicht ohne Makel. In Ostdeutschland gab es nach der Wende einen völlig überdimensionierten Aufbau von Abwasserreinigungsanlagen, was einige BürgerInnen teuer zu stehen kam. Die Frage ist, ob solche und andere Missstände durch eine größere BürgerInnen-Beteiligung hätten vermieden werden können. Um eine Antwort auf diese Frage zu finden, sollen nun einige Optionen angesprochen werden, wie diese Beteiligung aktuell aussieht oder aussehen könnte.

Zunächst ein paar Worte zur klassischen *institutionalisierten BürgerInnen-Beteiligung*. Bei öffentlichen Versorgern in öffentlicher Rechtsform kann die Gemeinde bzw. der Bürgermeister direkt über Gremien, wie den Werkausschuss oder den Verwaltungsrat, die wesentlichen Entscheidungen treffen, wobei sich die Details je nach Bundesland unterscheiden. Bei privaten Rechtsformen, wie Gesellschaft mit beschränkter Haftung (GmbH) oder Aktiengesellschaft, sitzen die gewählten Gemeinderäte im Aufsichtsrat, der/die BürgermeisterIn sitzt dem Rat in der Regel vor. In beiden Fällen haben die gewählten VolksvertreterInnen das Recht, den Betrieb zu lenken, umgekehrt sollten BürgerInnen sie für diese Arbeit zur Verantwortung ziehen können.

Im Prinzip können Gemeinden die *Sitzungen* zu den öffentlichen Betrieben öffentlich machen, wie der Bayerische Verfassungsgerichtshof für GmbHs festgestellt hat. Allerdings fallen wichtige Entscheidungen hinter verschlossenen Türen, sei es im Aufsichtsrat oder in nicht-öffentlichen Gemeinderatssitzungen. Bei Aktiengesellschaften ist Geheimhaltung sogar bislang vorgeschrieben. Es gibt hier keine volle Transparenz für die BürgerInnen über die Abläufe und sie können auch kaum Einfluss nehmen. Allerdings ist zurzeit eine Reform des Aktiengesetzes in Planung, nach der bei nicht börsennotierten AGs die Sitzungen öffentlich sein können. Eine Geheimhaltung wird aber insbesondere dann der Fall sein, wenn der Betrieb teilprivatisiert ist und also die Privaten verlangen, dass ihre Interessen geschützt werden müssen.

Doch bei der Vertretung in Gremien bleibt die alte demokratische Gretchenfrage, ob die gewählten Repräsentanten wirklich die Interessen der Wählerschaft vertreten. Wie steht es um direkte Einflussmöglichkeiten und also *direkte Demokratie*? Im Rahmen von Einzelprojekten gibt es nach dem Baugesetzbuch in den Planungsverfahren die Möglichkeit, Projektunterlagen einzusehen und Vorschläge und Einsprüche geltend zu machen. Da diese aber leicht zurückgewiesen werden können, versucht in Stuttgart der Verein »Kommunale Stadtwerke«, neue und stärkere Formen der Bürgerbeteiligung in solchen Prozessen zu finden, vor allem auch vor dem Hintergrund der dort laufenden Rekommunalisierung. Vorgeschlagen werden z.B. »Bürgergutachten durch Planungszellen«, die intensiver am Planungsprozess mitwirken können also sonst. Auch Bürgerentscheide könnten für die Wasserversorgung intensiver genutzt werden. Im Fall von Entscheidungen über das Eigentum, also über Privatisierungen, sollten Volksabstimmungen ohne Zweifel zwingend vorgeschrieben sein. Doch auch bei Einzelprojekten können Abstimmungen Anwendung finden: Der Gemeinderat in Eichstetten ließ die Gemeinde in einem Bürgerentscheid im Jahr 2004 über Varianten abstimmen, das Wasser weicher zu machen. Gerade bei großen Bauprojekten könnten mehr direkte Abstimmungen für eine bessere Vertretung von BürgerInnen-Interessen sorgen.

Um eine Einflussnahme auch dauerhaft zu ermöglichen, ist es denkbar, neben den Gemeinderäten zusätzliche permanente *BürgerInnen-Vertreter* vorzusehen. In Frankreich gibt es die »Beratende Kommission der lokalen öffentlichen Dienste (»Commission Consultative des Services Publics Locaux«), allerdings wird diese von französischen WasseraktivistInnen als Show-Veranstaltung kritisiert. Zumindest sollte die Zivilgesellschaft alle offiziellen Anhörungen nutzen, wie in Deutschland oder der EU bei Gesetzesvorhaben, um ihre Kritik am Wasserkommerz hörbar zu machen.

Neben der formellen indirekten Einflussnahme über Parlament (Gemeinderat) und Exekutive (BürgermeisterIn) können BürgerInnen in einem Rechtsstaat wie Deutschland über *Klagen* vor den Gerichten versuchen, ihr Interesse durchzusetzen, zumindest wenn es um ihre Wasserrechnung geht. Klagen können immer beides sein: Ausdruck von individueller Rechthaberei, getrieben von allgemeinem Unbehagen über staatliche Verwaltung, aber auch Ausdruck von Durchsetzung einer Position, die im allgemeinen Interesse ist. Erfahrungen aus jüngster Zeit mit Klagen gegen öffentliche Wasserversorger haben jedoch gezeigt, dass die Klagen nicht weit führen und manche(n) Bürger(in) unzufrieden zurücklassen. Die Gerichte geben den öffentlichen Betrieben in der Regel relativ weiten Ermessenspielraum, wenn es z.B. um die Festsetzung von Preisen geht.

Als Alternative zur öffentlich-staatlichen Verwaltung wird immer wieder die *Genossenschaft* angesehen, bei der das Eigentum gemeinschaftlich, aber doch privat ist. Einige BürgerInnen, aber auch Leute wie bei Attac meinen, die Genossenschaft mit ihrem Selbstverwaltungsanspruch sei in der Praxis sogar demokratischer als die Staatsverwaltung, weil die BürgerInnen echten Anteil daran und aktiveres Mitspracherecht haben. Es gibt zumindest in Deutschland nicht sehr viele, jedoch eine ganze Reihe Wassergenossenschaften, allerdings eher in kleinen Gemeinden. Die relativ bekannte, schon 1899 gegründete Emschergenossenschaft im Ruhrgebiet ist zwar sehr groß, allerdings keine echte Genossenschaft, sondern eine Körperschaft öffentlichen Rechts. Eine alte und echte Genossenschaft findet sich seit 1925 in Schmitzhöhe (Lindlar) in Nordrhein-Westfalen; sie verlangt nach eigenen Angaben nur ca. einen Euro pro Kubikmeter Trinkwasser. Ein so günstiger Preis ist ein immer wieder verwendetes Argument für die Gründung von Genossenschaften.

Wenn jedoch die Genossenschaft nur eine kleine Gruppe einschließt, z.B. von Hausbesitzern, ergeben sich Probleme mit der Organisation der allgemeinen Wasserversorgung, die häufig auch davon lebt, dass genügend BürgerInnen ans Netz angeschlossen werden können. Und die privatrechtliche Form bringt weitere Probleme mit sich. Solange nicht wirklich alle betroffenen BürgerInnen beteiligt sind, ist die Genossenschaft nie wirklich demokratisch. Wenn dies sogar dazu führt, dass einige BürgerInnen als private Anteilseigner auf Kosten anderer BürgerInnen Gewinne machen, kann dies nicht als demokratische und soziale Wasserversorgung angesehen werden. Dieses Problem wurde z.B. bei der Gründung der Wassergenossenschaft Schönstadt/Schwarzenborn in Hessen heftig von BürgerInnen diskutiert – am Ende kam es dennoch 2006 zur Gründung.

Wenn andererseits alle BürgerInnen einer Gemeinde beteiligt sind, nur eben in der privaten Rechtsform der Genossenschaft, fragt es sich, was noch der Unterschied zur öffentlichen Gemeindeverwaltung ist. So sind alle BürgerInnen der Gemeinde Großropperhausen in Hessen, die schon 1955 gegründet wurde, Mitglied der Genossenschaft. Insofern ist es eher fraglich, ob die Genossenschaft wirklich einen Vorteil gegenüber dem öffentlichen Allgemeineigentum hat. Vielmehr sollte die demokratische Verwaltung des letzteren verbessert werden.

Für die weltweite Umsetzung von Bürgerbeteiligung hat die *Internationale Standardisierungs-Organisation (ISO)* im Jahr 2009 neue Normen verabschiedet, in denen unter anderem eine Bürgerbeteiligung in Wasser- und Abwasserbetrieben empfohlen wird. Zwar ist die Anwendung der Normen 24510 (Dienstleistungen im Wasser- und Abwassersektor), 24511 (Gute Managementpraktiken in Abwasserbetrieben) und 24512 (Gute Managementpraktiken in Wasserbetrieben) nur freiwillig und bindet kein Unternehmen. Aber wenn in Streit- und Konfliktfällen eine Partizipation oder selbst eine Bürgerinformation verweigert wird, kann man öffentlichkeitswirksam auf die Empfehlungen der ISO pochen – vor allem dann, wenn sich politische Gremien sowie Betriebe – egal ob öffentliche oder private – störrisch anstellen. Sich gegen die ISO-Empfehlungen zur Bürgerbeteiligung zu wenden, kommt in der Öffentlichkeit schlecht an.

Der Verweis in der deutschen Kommentierung der Norm, dass in Deutschland demokratisch legitimierte Gemeinderäte, Verbandsversammlungen und Aufsichtsräte über die Geschicke der Wasser- und Abwasserbetriebe entscheiden würden, geht an den Empfehlungen der Norm vorbei. Denn das Partizipationsgebot in den drei Normen umfasst ein weitergehendes Mitspracherecht der BürgerInnen im Hinblick auf alle wichtigen Entscheidungen. Die Norm empfiehlt den Wasser- und Abwasserbetrieben, dass sie »aktiv« auf die Bürger zugehen, um sie über alle wichtigen Entscheidungen zu informieren, die im jeweiligen Wasser- und Abwasserbetrieb anstehen. Das *Gebot zur aktiven Information und Konsultation* verlangt damit nicht weniger als den »gläsernen Wasser- und Abwasserbetrieb«!

Einziger Wermutstropfen: Die angelsächsisch geprägte Norm spricht nicht von BürgerInnen, sondern nur von »Kunden« und »Nutzern« (user). An Stelle einer aktiven Bürgerkommune sind die Nutzer einer Dienstleistung getreten. Dem umfassenden Partizipationsgebot tut dies jedoch keinen Abbruch.

Die Diskussion über die richtige Form von BürgerInnen-Beteiligung wird noch lange weitergehen. Gerade weil es hier um Demokratie geht, kann das beste Ergebnis nicht immer vorgegeben sein, sondern muss von den BürgerInnen vor Ort gefunden werden. Aber dazu braucht es in jedem Fall ausreichende Möglichkeiten für Diskussion und Beteiligung, die über einen rein formalen Prozess hinausgehen und den BürgerInnen wichtige Prozesse und Entscheidungen vorenthalten. Wie weit wir tatsächlich eine demokratische, ökologische, soziale, gemeinwohlorientierte, sprich eine gute Wasserversorgung haben, wird immer auch davon abhängen, wie wir uns als BürgerInnen für diese Ziele engagieren. Auch wenn es nicht sein *soll*, dass Wasser als Ware behandelt, kommerzialisiert, privatisiert und für Profite ausgebeutet werden kann, ist es dennoch jederzeit *möglich* und *passiert*. Verhindert wird dies nur, wenn wir als BürgerInnen uns ständig dagegen auflehnen und unser und aller Menschen Recht auf Wasser als Gemeingut verteidigen.

Literatur

Balanyá, Belén/Brid Brennan/Olivier Hoedeman/Philipp Terhorst/Satoko Kishimoto (Hrsg.): Reclaiming Public Water. Achievements, Struggles and Visions from Around the World, Transnational Institute Amsterdam 2007.

Bundesverband der Energie- und Wasserwirtschaft: Kundenbilanz. Vorstellung für die BDEW-Mitgliedsunternehmen – Trinkwasser, Juni 2010.

Bundesverband der Energie- und Wasserwirtschaft: Vergleich Europäischer Wasser- und Abwasserpreise (VEWA), September 2010.

Bundesverband der Energie- und Wasserwirtschaft e.V.: Branchenbild der deutschen Wasserwirtschaft 2011.

Bundeswirtschaftsministerium: Optionen, Chancen und Rahmenbedingungen einer Marktöffnung für eine nachhaltige Wasserversorgung, BMWi-Forschungsvorhaben (11/00), 2001.

Deutsche Bundesregierung: Bericht der Bundesregierung zur Modernisierungsstrategie für die deutsche Wasserwirtschaft und für ein stärkeres internationales Engagement der deutschen Wasserwirtschaft, 15. März 2006, Bundestagsdrucksache 16/1094.

Deutscher Bundestag (o.J.): Nachhaltige Wasserwirtschaft in Deutschland, Bundestagsdrucksache 14/7177.

Daiber, Herrmann: Wasserwirtschaft und Kundenschutz zwischen Anspruch und Wirklichkeit. Ein Beitrag zur effizienten kartellrechtlichen Kontrolle der Wasserpreise, in: Kommunale Wirtschaft im 21. Jahrhundert – Festschrift Peter Becker, VWEW Energieverlag 2006.

Dobner, Petra: Wasserpolitik, Frankfurt 2010.

European Commission: 6th Commission Summary on the Implementation of the Urban Waste Water Treatment Directive. Staff Working Paper. SEC(2011) 1561, 7.12.2011.

Forster, Frank: Privatisierung und Regulierung der Wasserversorgung in Deutschland und den Vereinigten Staaten von Amerika, Berlin 2007.

Geiler, Nikolaus: Das 20-Mrd.-Euro-Spiel. Die Liberalisierung des Wasser- und Abwassermarktes, Stuttgart 2004.

Gerten, Dieter/Jens Heinke: Geht uns das Wasser aus? Globale Wasservorräte und -knappheiten heute und in Zukunft; in: Universitas Nr. 757/2009, S. 664ff.

Hall, David/Emanuele Lobina: The relative efficiency of public and private sector water. PSIRU, Greenwich University, London 2005

Hall, D./E. Lobina: The past, present and future of finance for investment in water systems. PSIRU, Greenwich University, November 2010.

Hall, David/Emanuele Lobina: Water companies in Europe 2010. PSIRU, Greenwich University, September 2010.

Hall, David: Public-Public Partnerships in water. An overview. In: Pambazuka News 533, Special Issue: Water and Privatisation, 7.6.2011.

Hoering, Uwe: Der Markt als Wassermanager; in: Peripherie Nr. 101/102 v. 1.6.2006.

Holzwarth, Fritz & R. Andreas Kraemer (Hrsg.): Umweltaspekte einer Privatisierung der Wasserwirtschaft in Deutschland (Tagungsdokumentation), Berlin 2001.

Jehle, Christoph: Wasser-Gewinn, Nutzung, Entsorgung, Heidelberg 2007.

Kürschner-Pelkmann, Frank: Das Wasser-Buch. Kultur-Religion-Gesellschaft-Wirtschaft, Frankfurt a.M. 2007.

Ladwig, Bernd: Zur Begründung eines Menschenrechts auf Wasser, o.O. 2009.

Lauber, Werner (Hrsg.): Privatisierung des Wassersektors in Europa. Reformbedarf oder Kapitalinteressen? Informationen zur Umweltpolitik 166, Arbeiterkammer Österreich und Österreichischer Städtebund, Wien 2006.

Lotze-Campen, Hermann/Dieter Gerten: Virtueller Wasserhandel. Ein Beitrag zur Lösung von regionaler Wasserknappheit und Ernährungssicherheit; in: Universitas Nr. 757/2009, S. 676 ff.

Lozán, José L./Hartmut Graßl/Ludwig Karbe/Peter Hupfer/Christian-D. Schönwiese (Hrsg.): Warnsignal Klima: Genug Wasser für alle? Hamburg 2004. 3. Auflage als e-Buch 2011.

Marin, Philippe: Public-Private Partnerships for Urban Water Utilities A Review of Experiences in Developing Countries. World Bank Trends and Policy Options No. 8, September 2009.

Mayer, Florian: Vom Niedergang des unternehmerisch tätigen Staates. Privatisierungspolitik in Großbritannien, Frankreich, Italien und Deutschland, Wiesbaden 2006.

Mayntz, Renate/Thomas P. Hughes (Hrsg.): The Development of Large Technical Systems, Frankfurt a.M. u. Boulder/Colorado 1988.

Merkel, Wolfgang: Keine Regulierung der Wasserpreise! Die deutsche Wasserwirtschaft steht zu ihrem öffentlichen Auftrag und setzt auf Transparenz, gwf-Wasser/Abwasser, Januar 2010.

Spiegel: Die große Vergleichstabelle: Wasserpreise in Deutschland. Der Spiegel, 23.5.2007.

Stadler, Lisa/Uwe Hoering. Das Wasser-Monopoly. Von einem Allgemeingut und seiner Privatisierung, Zürich 2003.

Statistisches Bundesamt, Fachserie 19 Reihe 2.1: Umwelt. Öffentliche Wasserversorgung und Abwasserbeseitigung.

Umweltbundesamt: Wasserwirtschaft in Deutschland. Teil 1: Grundlagen, 2010.

Verband kommunaler Unternehmen: Fragen und Antworten: Wasserpreise und Wassergebühren, 2011

Weltbank: Private activity in water and sewerage remains subdued. PPI data update note 49, Juli 2011.

Links

Für Material zu allen im Buch behandelten Themen: www.wasser-in-buergerhand.de.

Allgemein und international
Vereinte Nationen: www.unwater.org
Weltbank: www.worldbank.org/water
International Water Association (IWA): iwawaterwiki.org/xwiki/bin/view/Articles

Wasser-Lexikon: www.wasser-lexikon.de
Übersicht zur Rekommunalisierung: www.remunicipalisation.org
Übersicht zu Privatisierungen: www.privatizationbarometer.net
Blue Planet Project: www.blueplanetproject.net
Water Justice: www.waterjustice.org
Weltwasserforum: www.worldwaterforum.org
Public Services International Research Unit (Universität Greenwich): www.psiru.org

Deutschland
Umweltbundesamt: www.umweltbundesamt.de/wasser
Wasser in Bürgerhand: www.wasser-in-buergerhand.de
AK Wasser im Bundesverband Bürgerinitiativen Umweltschutz (BBU): www.akwasser.de
Attac: www.attac-netzwerk.de/wasser
BUND: www.bund.net/themen_und_projekte/wasser
Allianz der öffentlichen Wasserwirtschaft: www.aoew.de
Bundesverband der Energie- und Wasserwirtschaft (BDEW): www.bdew.de
Stuttgart: www.kommunale-stadtwerke.de, www.stuttgarter-wasserforum.de
Berlin: www.berliner-wassertisch.de
Hamburg: www.unser-wasser-hamburg.de
München: www.wasserallianz-muenchen.de
Kassel: www.is-kassel.org/unser-wasser-kassel

VSA: Krise & ökologische Grenzen

Matthias Schmelzer
Alexis Passadakis
Postwachstum
Krise, ökologische
Grenzen und soziale
Rechte
AttacBasisTexte 36
96 Seiten I € 7.00
ISBN 978-3-89965-429-5
Dieser Basistext
skizziert die Geschich-
te der Wachstums-
dynamiken des Kapi-
talismus. Er beantwor-
tet die Frage, welche
Elemente ein Post-
wachstum enthalten
muss.

Thomas
Eberhardt- Köster
**Global denken –
Kommunal Handeln**
Städte & Gemeinden:
Unterfinanziert &
überfordert
AttacBasisTexte 37
96 Seiten I € 7.00
ISBN 978-3-89965-455-4
Viele Städte in
Deutschland sind
überschuldet. Sie ver-
kaufen das kommunale
Tafelsilber, schließen
Stadtteilbüchereien
und heben die Gebüh-
ren für die Kitas an. In
diesem Basistext wird
aufgezeigt, wie es
dazu kommen konnte
und was dagegen
getan werden kann.

Evelyn Bahn
Timo Kaphengst
LandGrabbing
Der globale Wettlauf
um Agrarland
AttacBasisTexte 40
96 Seiten I € 7.00
ISBN 978-3-89965-481-3
Der Basistext beleuch-
tet die Hintergründe
und die Akteure des
globalen Wettlaufs um
Ackerland und zeigt
die Konsequenzen
für lokale Gemein-
schaften, Bauern
sowie für die Umwelt.
Zudem werden die po-
litischen Prozesse zur
Verursachung sowie
zur Lösung des Land-
grabbing-Problems
kritisch betrachtet.

VSA: Verlag
St. Georgs Kirchhof 6
20099 Hamburg
Tel. 040/28 09 52 77-0
Fax 040/28 09 52 77-50
info@vsa-verlag.de

www.vsa-verlag.de